AF303011

# HILTON BECERRA

# REFERENCIAS

## TOMO 1

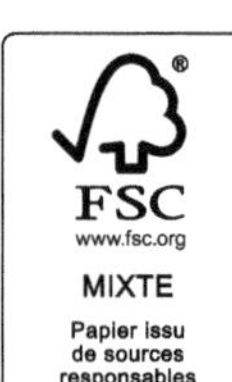

Las ilustraciones aparecieron por primera vez en el libro «Rosa Ursina seve Sol» Scheiner Christoph (1573-1650).

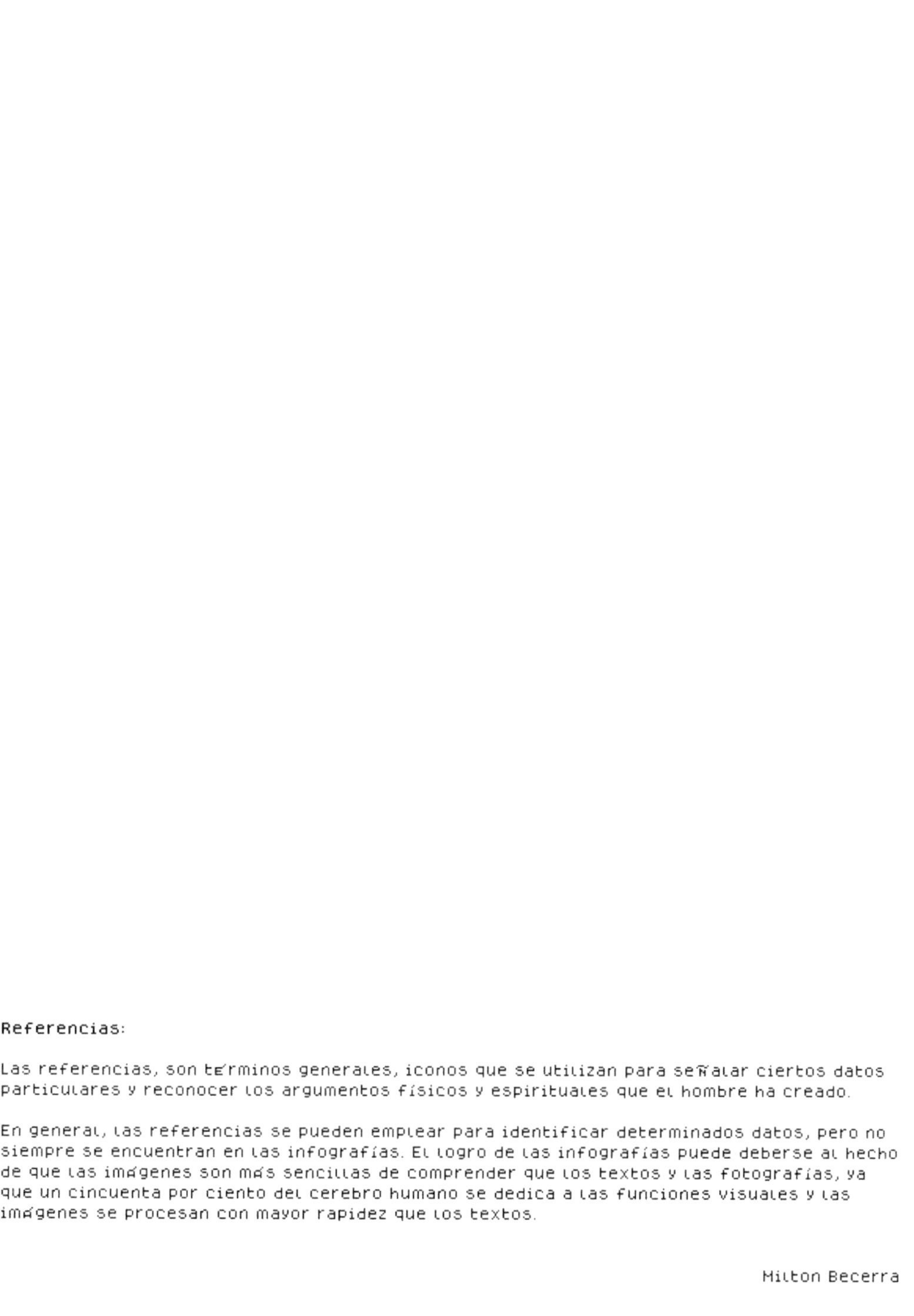

Referencias:

Las referencias, son términos generales, iconos que se utilizan para señalar ciertos datos particulares y reconocer los argumentos físicos y espirituales que el hombre ha creado.

En general, las referencias se pueden emplear para identificar determinados datos, pero no siempre se encuentran en las infografías. El logro de las infografías puede deberse al hecho de que las imágenes son más sencillas de comprender que los textos y las fotografías, ya que un cincuenta por ciento del cerebro humano se dedica a las funciones visuales y las imágenes se procesan con mayor rapidez que los textos.

Milton Becerra

Tomo 1

Se trata de un banco de imágenes de referencias a mis investigaciones que, con el paso del tiempo, me han permitido orientarme en el desarrollo de conceptos, ideas, relaciones, sensaciones y acontecimientos que he estado desarrollando desde el inicio de mi creación, lo cual me estimula la memoria visual en una proyección en el tiempo, el conocimiento y el proceso creativo.

En este proceso empecé a seleccionar imágenes y luego las guardé, primero en carpetas y después en la computadora. Se trata de referencias que se relacionan unas con otras en mis investigaciones, y son una base de mi estudio, lectura y lo que me interesa. Tienen una conexión con la creación de mis obras y con los materiales fundamentales utilizados durante más de cuatro décadas, tales como la cuerda y la piedra. El uso de la cuerda en mi trayectoria, he apreciado su valiosa utilidad que tiene una causa de existencia a través de la historia, lo cual ha posibilitado que diversas situaciones surjan.

El segundo elemento esencial en mis obras es la piedra, en todo su contexto natural y semipreciosas. Me interesa lo que representa, su origen y el contenido que la humanidad ha otorgado en sus aspectos primitivos, científicos y simbólicos.

Milton Becerra

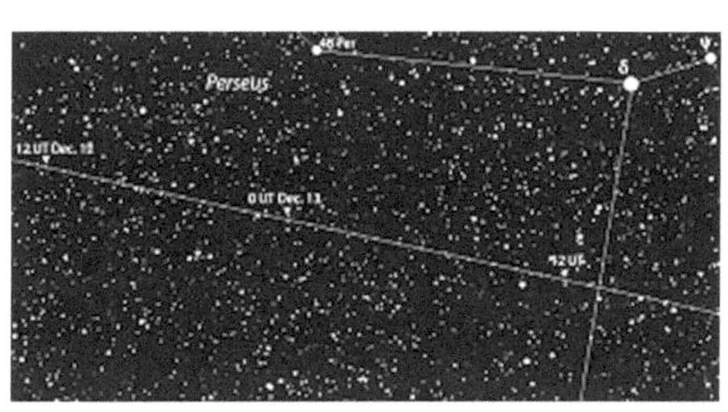
Perseus
48 Per
ψ
δ
12 UT Dec. 12
0 UT Dec. 13
12 UT

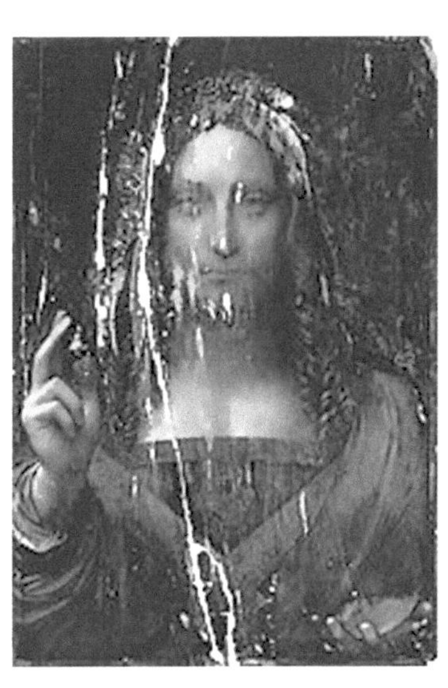

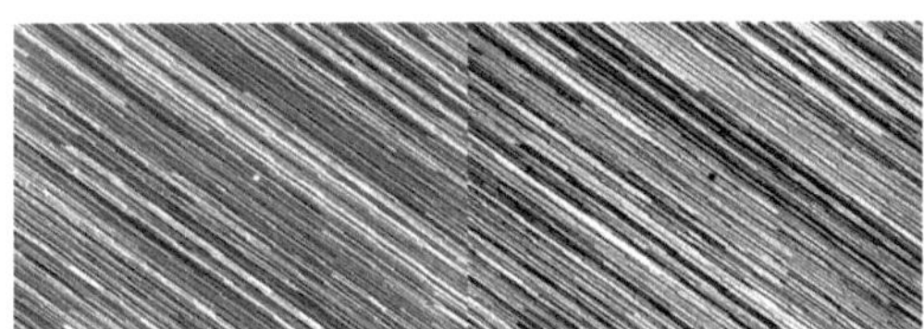

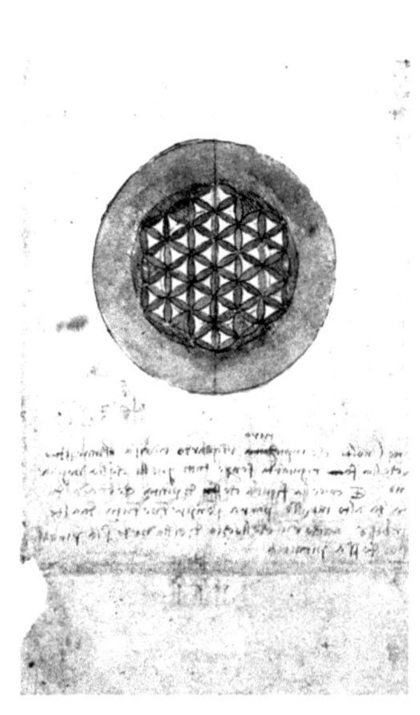

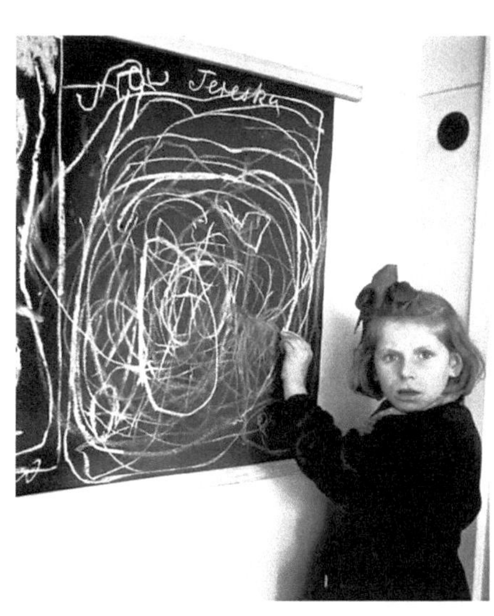

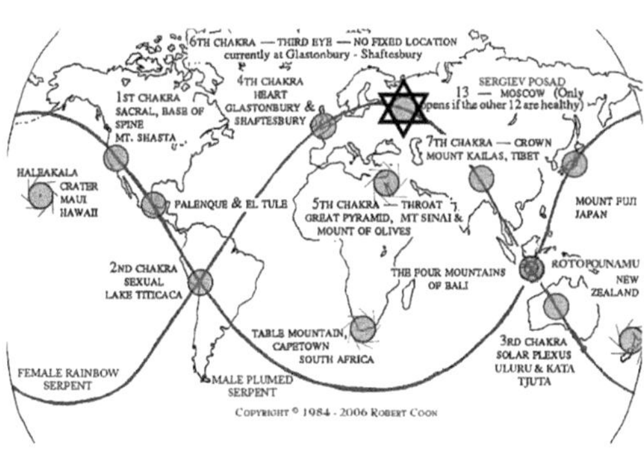

6TH CHAKRA — THIRD EYE — NO FIXED LOCATION currently at Glastonbury - Shaftesbury
1ST CHAKRA SACRAL, BASE OF SPINE MT. SHASTA
4TH CHAKRA HEART GLASTONBURY & SHAFTESBURY
SERGIEV POSAD
13 — MOSCOW (Only opens if the other 12 are healthy)
7TH CHAKRA — CROWN MOUNT KAILAS, TIBET
HALEAKALA CRATER MAUI HAWAII
PALENQUE & EL TULE
5TH CHAKRA — THROAT GREAT PYRAMID, MT SINAI & MOUNT OF OLIVES
MOUNT FUJI JAPAN
2ND CHAKRA SEXUAL LAKE TITICACA
THE FOUR MOUNTAINS OF BALI
ROTOPOUNAMU NEW ZEALAND
TABLE MOUNTAIN, CAPETOWN SOUTH AFRICA
3RD CHAKRA SOLAR PLEXUS ULURU & KATA TJUTA
FEMALE RAINBOW SERPENT
MALE PLUMED SERPENT
COPYRIGHT © 1984 - 2006 ROBERT COON

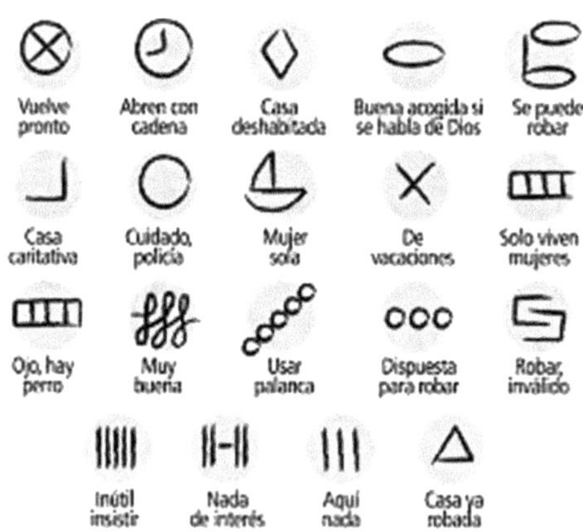

Vuelve pronto
Abren con cadena
Casa deshabitada
Buena acogida si se habla de Dios
Se puede robar
Casa caritativa
Cuidado, policía
Mujer sola
De vacaciones
Solo viven mujeres
Ojo, hay perro
Muy buena
Usar palanca
Dispuesta para robar
Robar, inválido
Inútil insistir
Nada de interés
Aquí nada
Casa ya robada

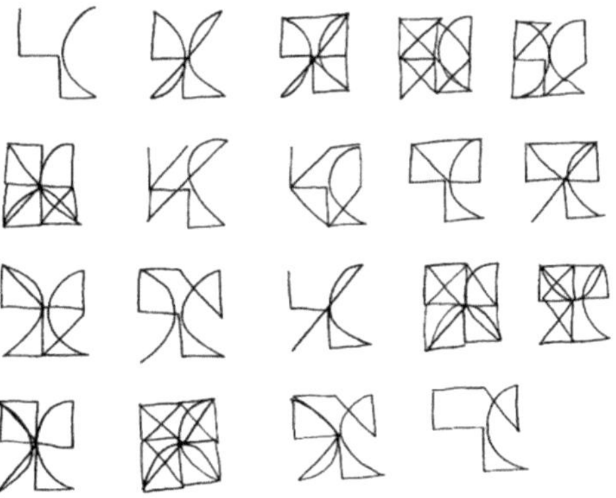

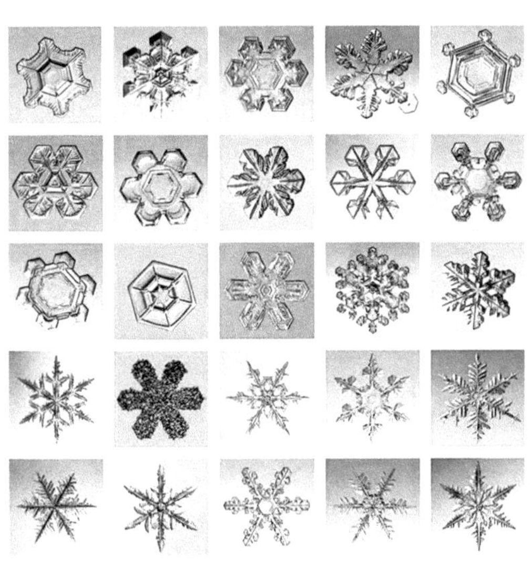

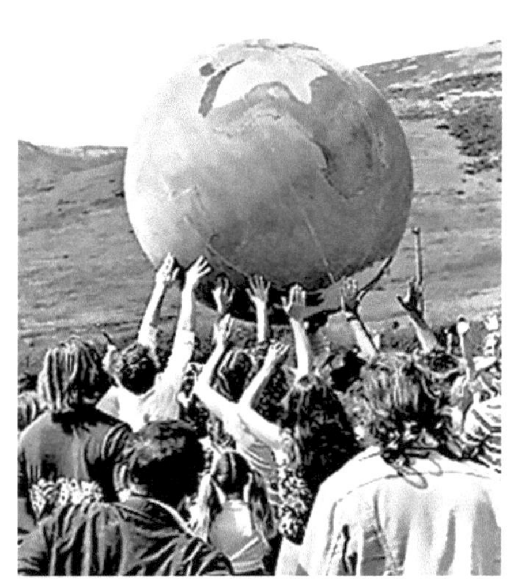

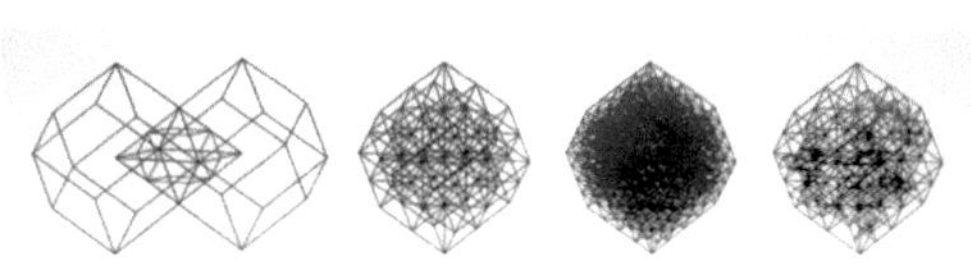

**Figure 8  Decomposition** and Variation in (Local) Density

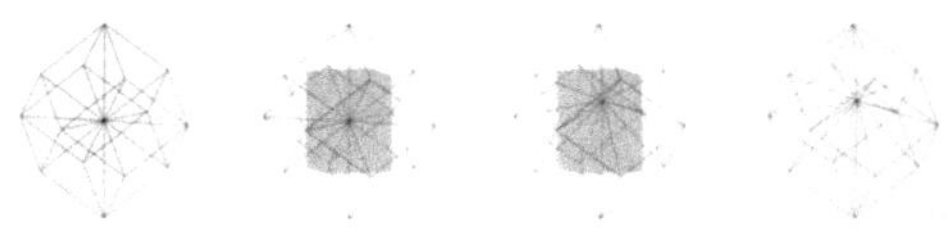

Figure 9  Search Space for Alternative Midpoints

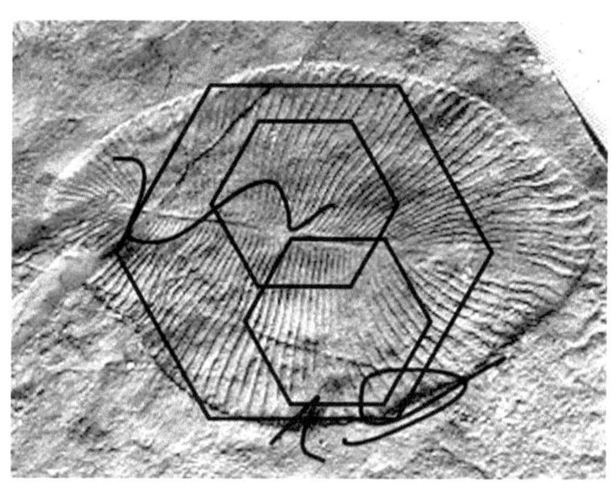

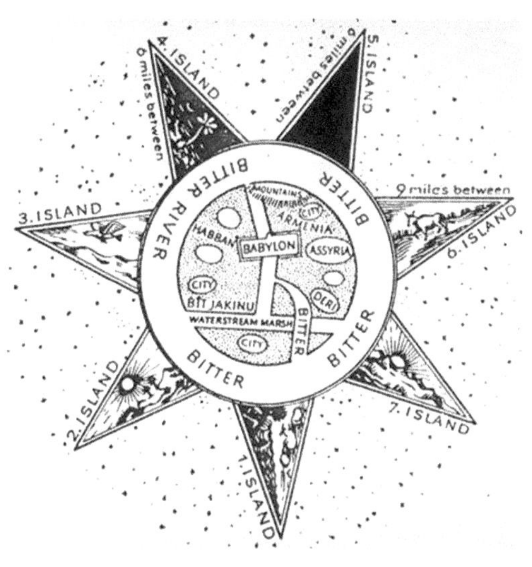

4. ISLAND
6 miles between
6 miles between
5. ISLAND
3. ISLAND
9 miles between
6. ISLAND
BITTER RIVER
BITTER
BITTER
MOUNTAINS
CITY
ARMENIA
HABBAN
BABYLON
ASSYRIA
CITY
BIT JAKINU
DER
WATERSTREAM MARSH
CITY
BITTER
BITTER
BITTER
2. ISLAND
7. ISLAND
1. ISLAND

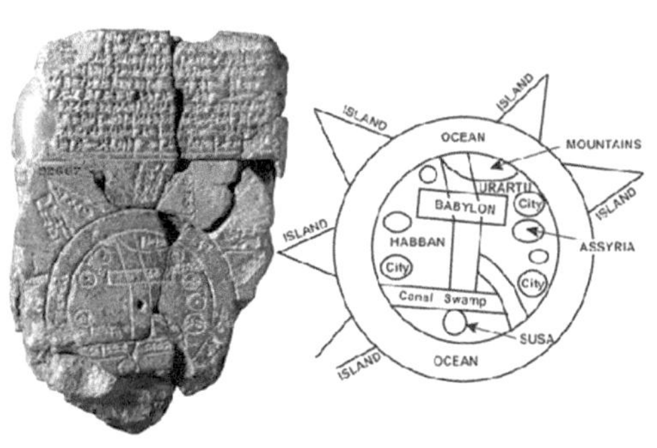

ISLAND
ISLAND
OCEAN
MOUNTAINS
URARTU
BABYLON
City
ISLAND
ISLAND
HABBAN
ASSYRIA
City
City
Canal Swamp
SUSA
ISLAND
OCEAN

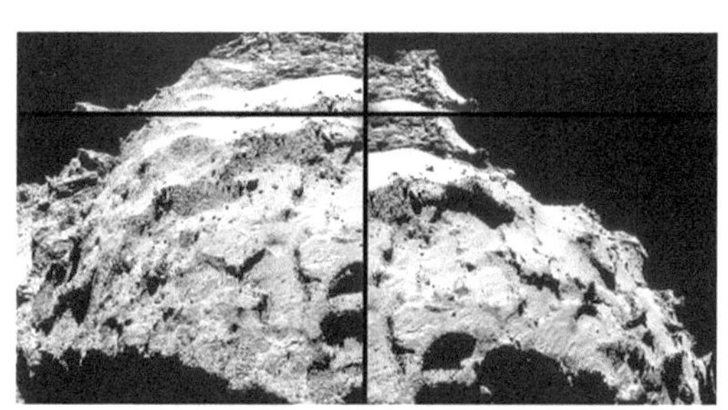

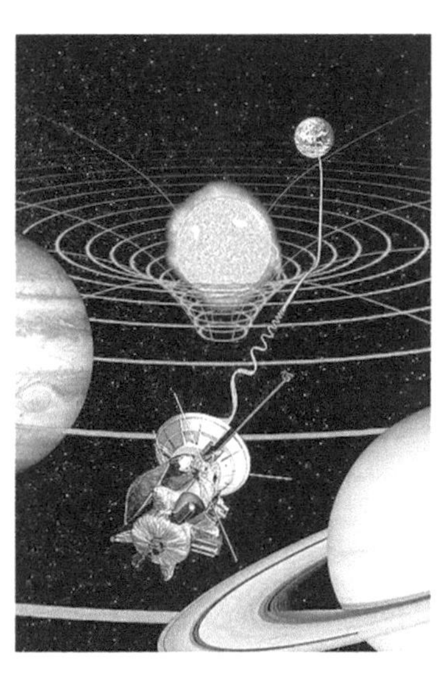

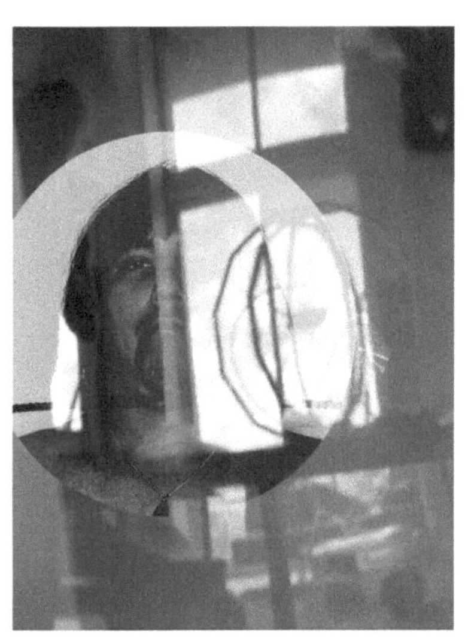

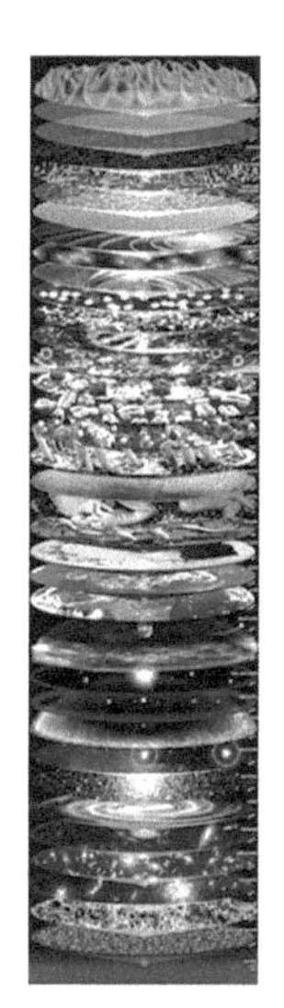

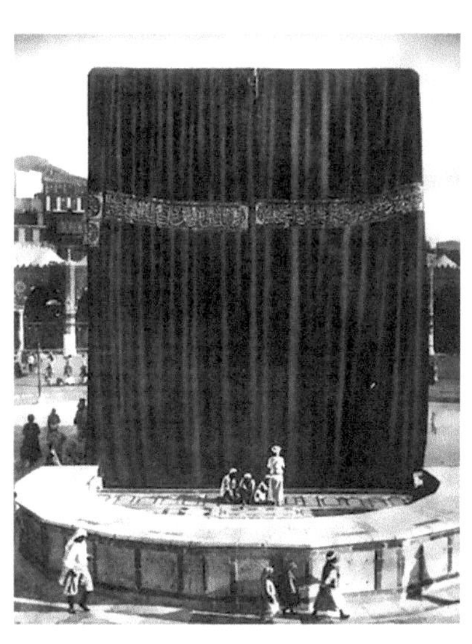

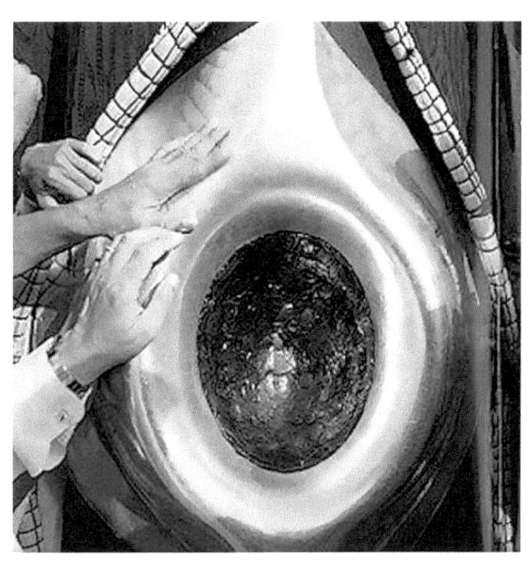

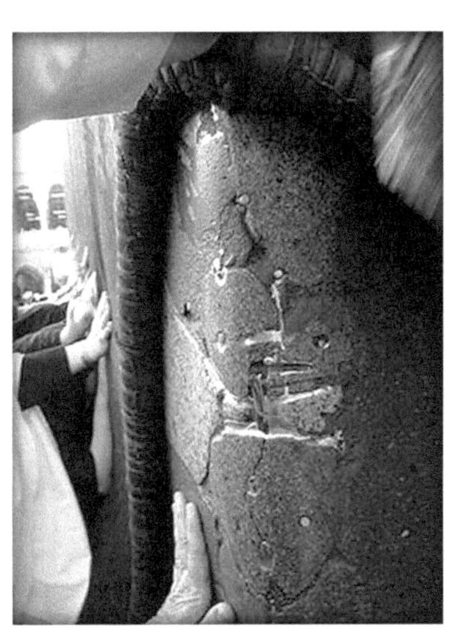

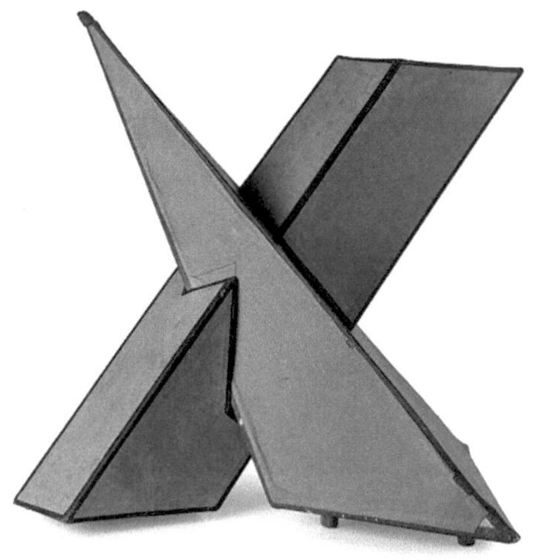

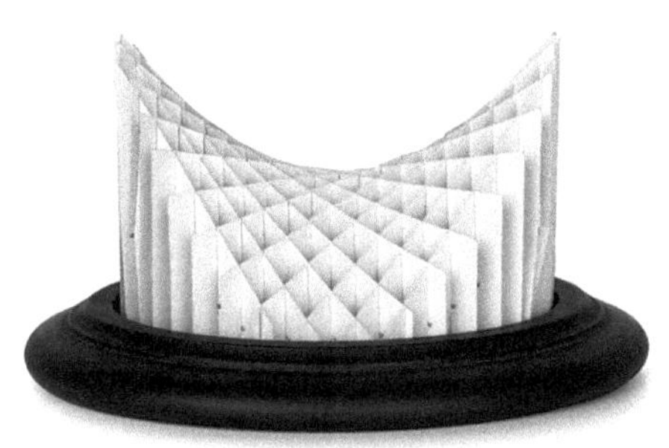

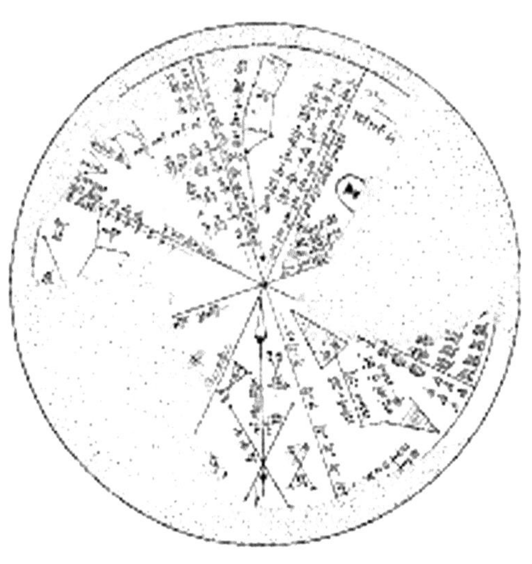

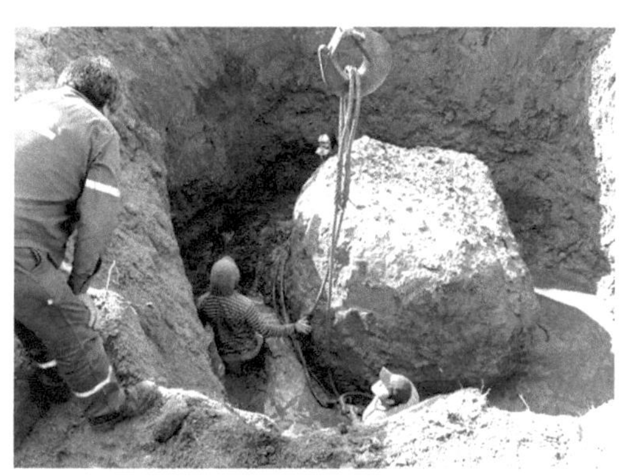

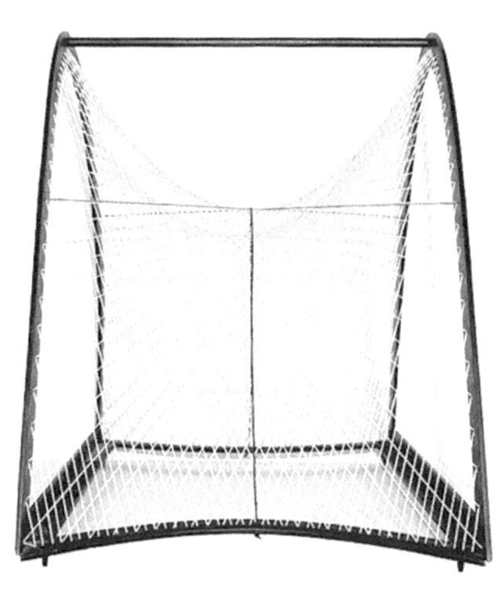

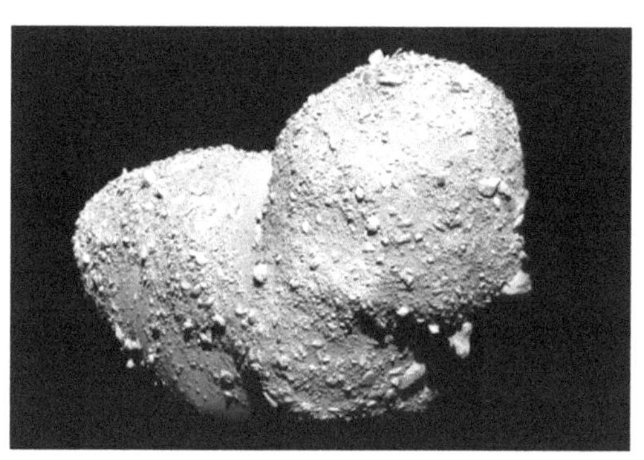

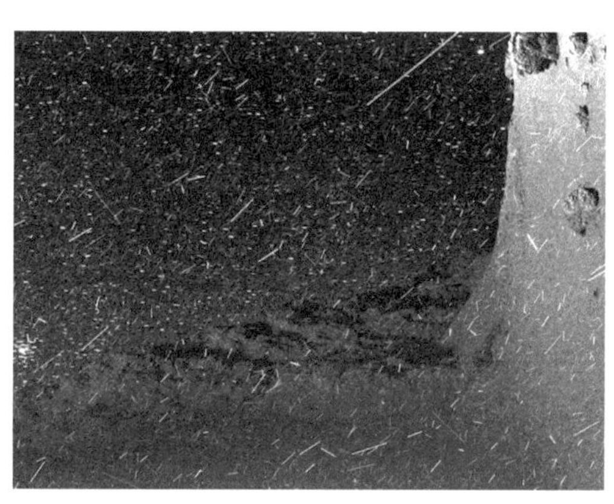

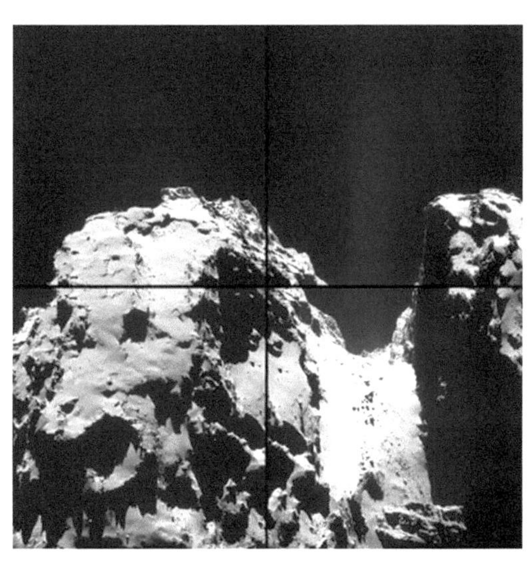

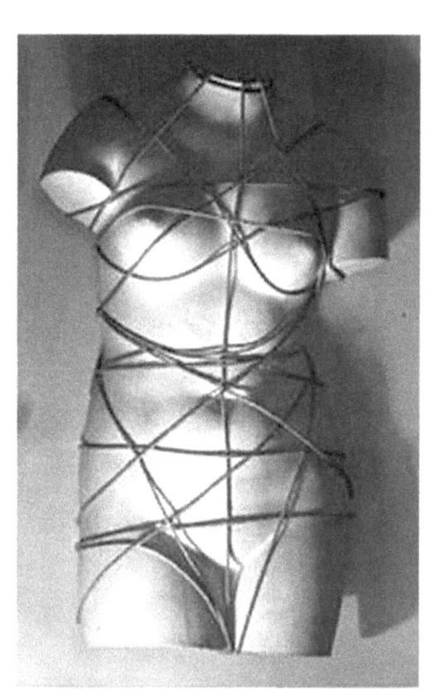

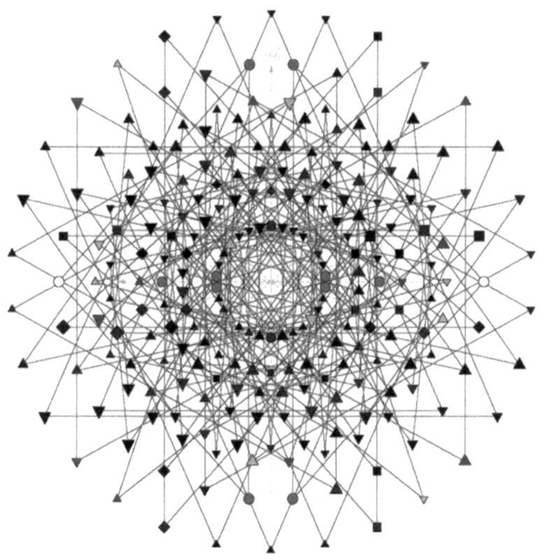

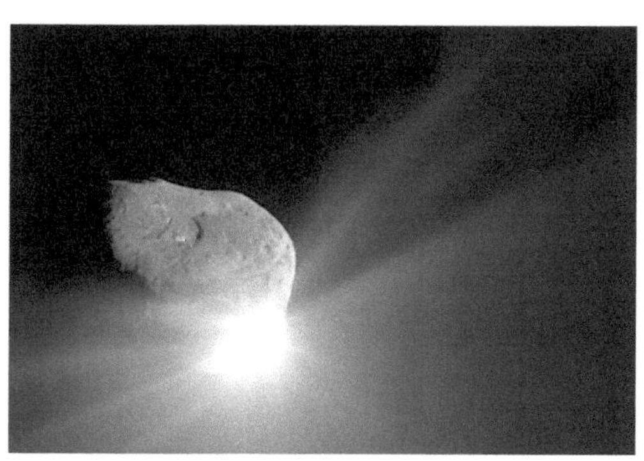

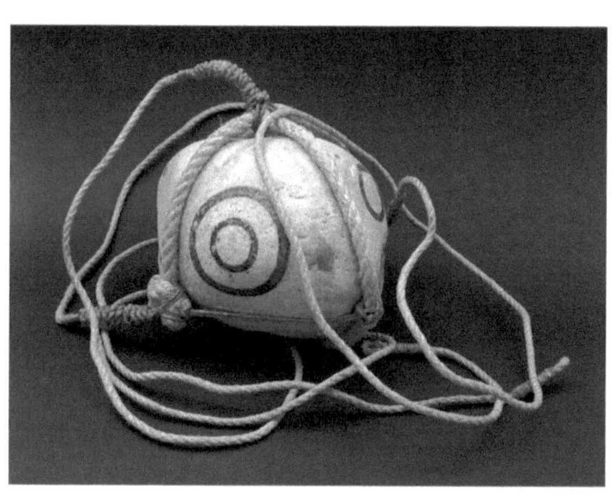

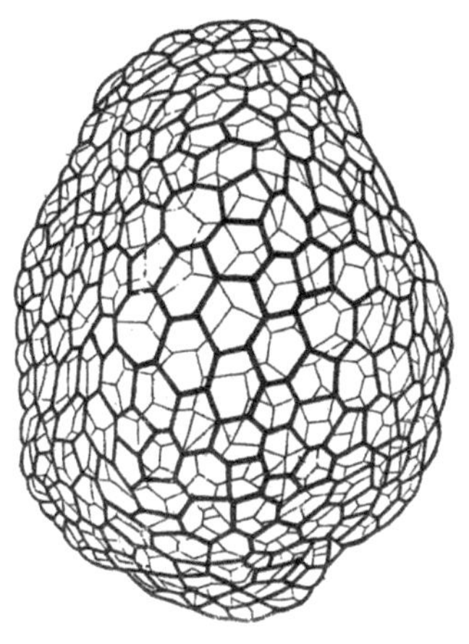

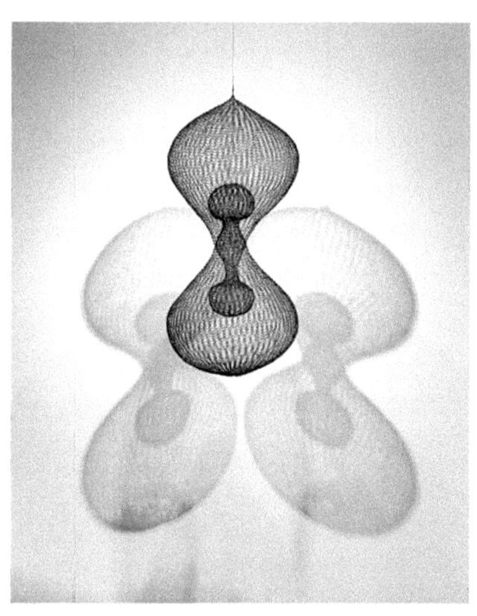

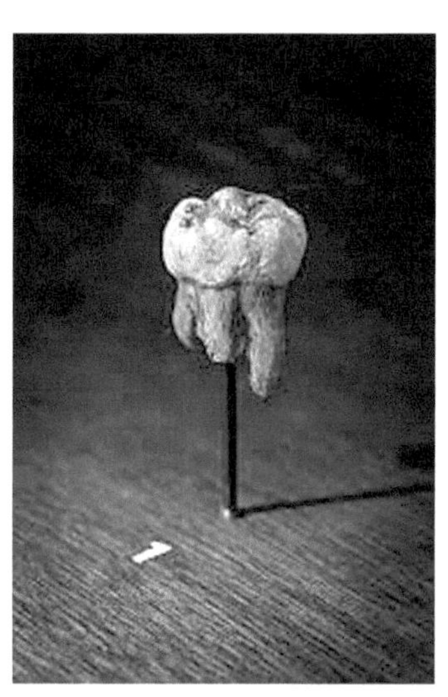

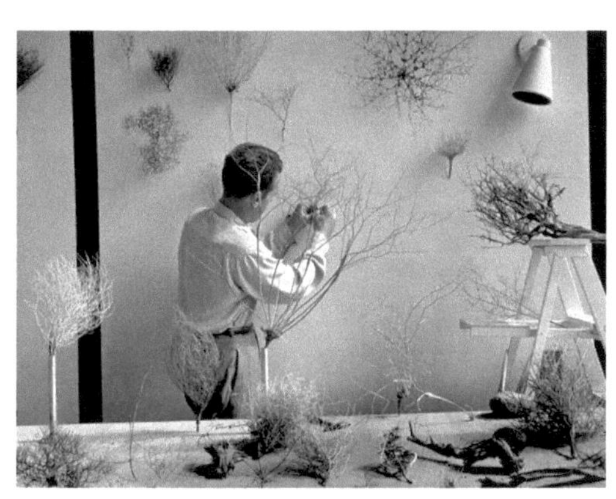

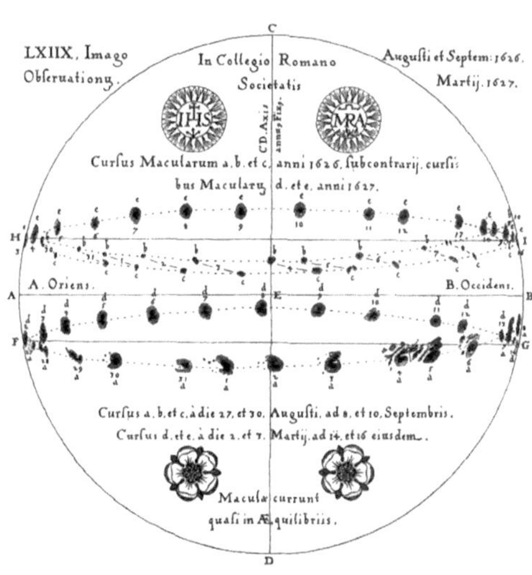

C
LXIIX, Imago
Obseruationu.
In Collegio Romano
Societatis
Augusti et Septem: 1626.
Martij. 1627.
CD. Axis annuæ Fixæ.
IHS
MRA
Cursus Macularum a. b. et c. anni 1626. subcontrarij. cursi-
bus Macularu d. et e. anni 1627.
H
I
A. Oriens.
B. Occidens.
A
E
B
F
G
Cursus a. b. et c. à die 27. et 30. Augusti. ad 9. et 10. Septembris.
Cursus d. et e. à die 2. et 7. Martij. ad 14. et 16 eiusdem.
Maculæ currunt
quasi in Æquilibriis.
D

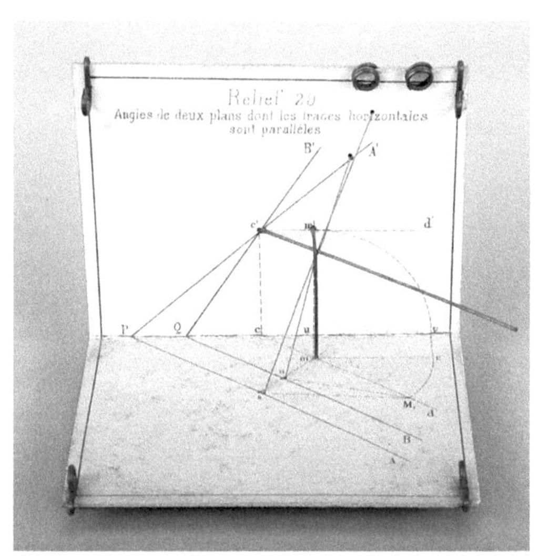

Relief 29
Angles de deux plans dont les traces horizontales
sont parallèles
B'
A'
c'
m'
d'
P
Q
c
u
v
u
m
z
M,
d
B
A

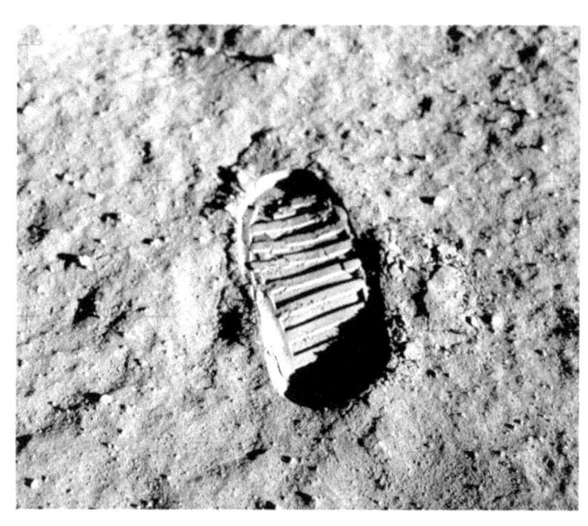

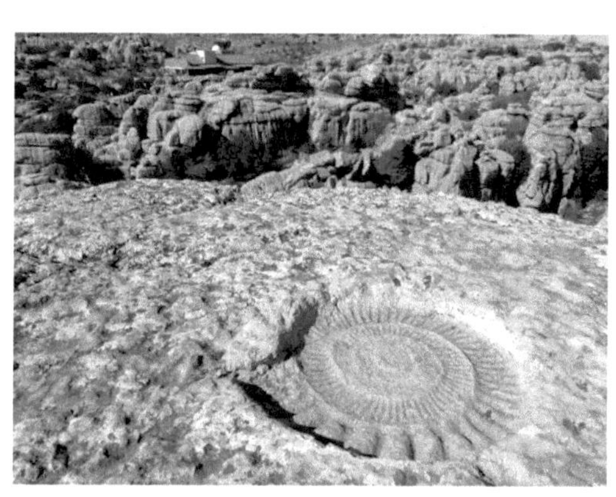

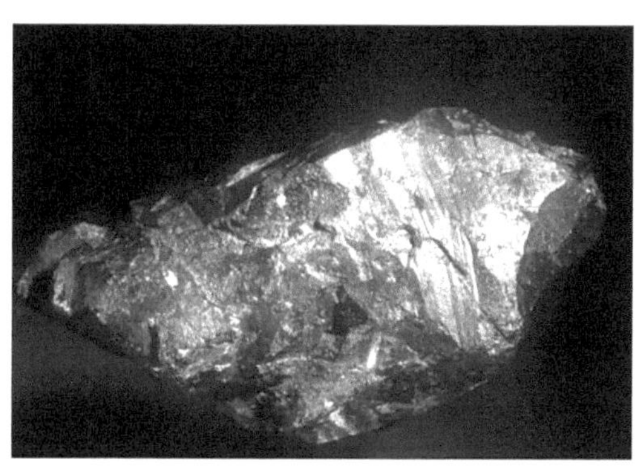

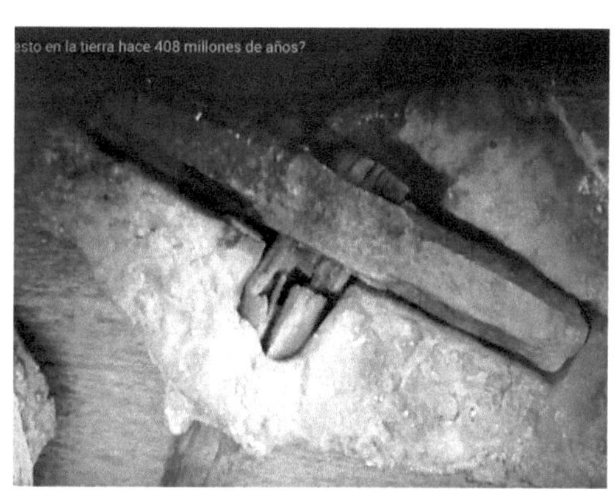
esto en la tierra hace 408 millones de años?

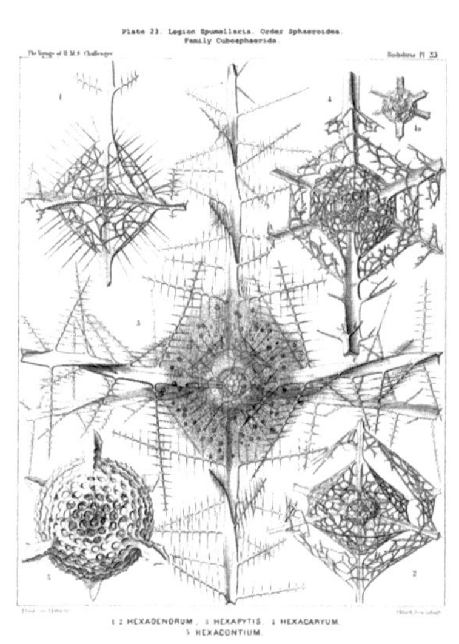


Plate 23. Legion Spumellaria. Order Sphaeroidea.
Family Cubosphaerida.
The Voyage of H.M.S. Challenger
Radiolaria Pl. 23
1.2 HEXADENDRUM. 3 HEXAPYTIS. 4 HEXACARYUM.
5 HEXACONTIUM.

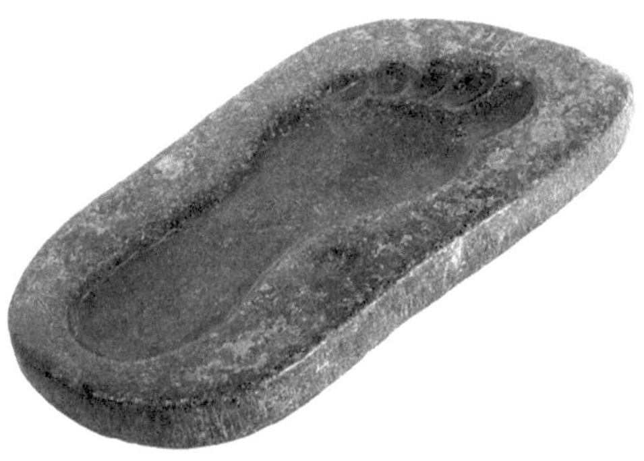

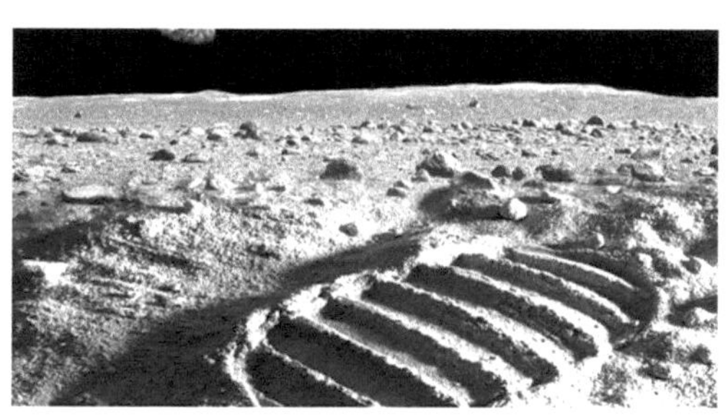

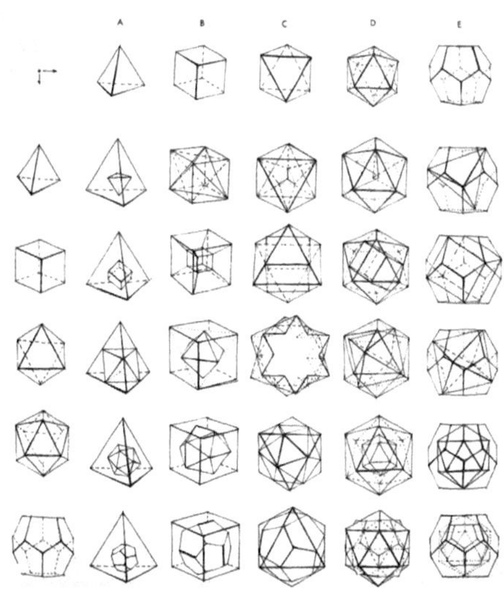


A
B
C
D
E

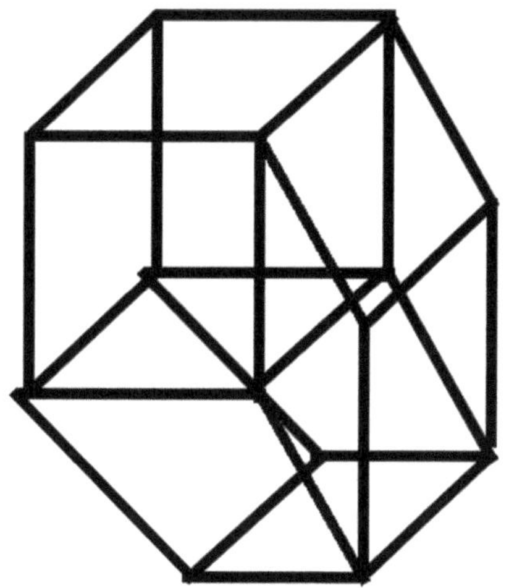

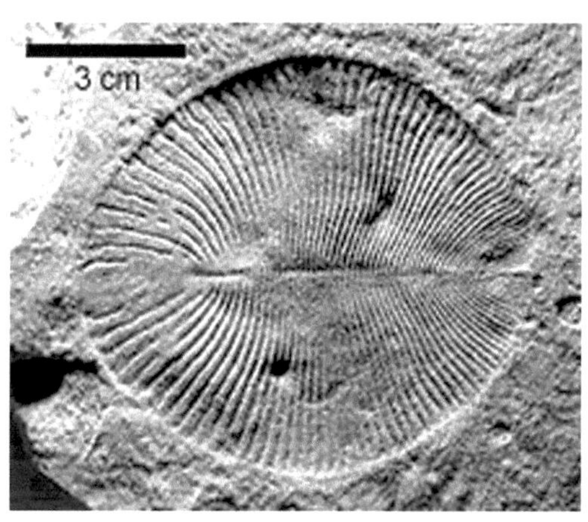

3 cm

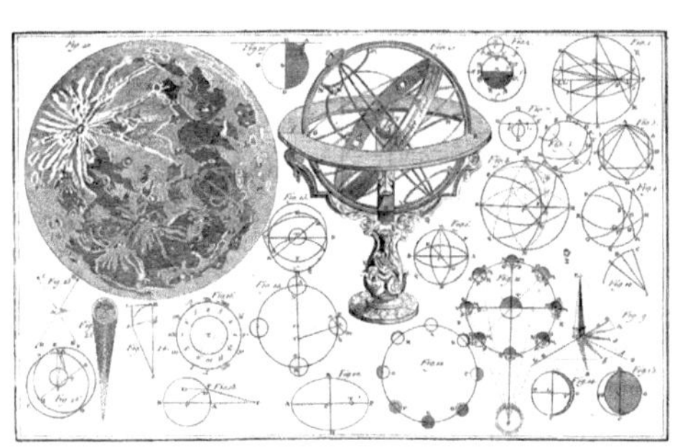

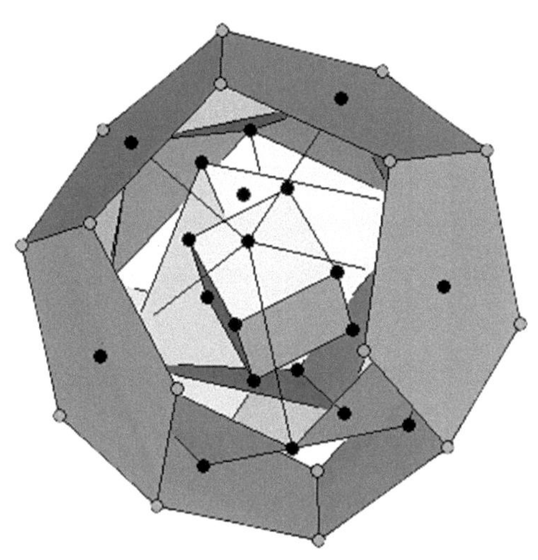

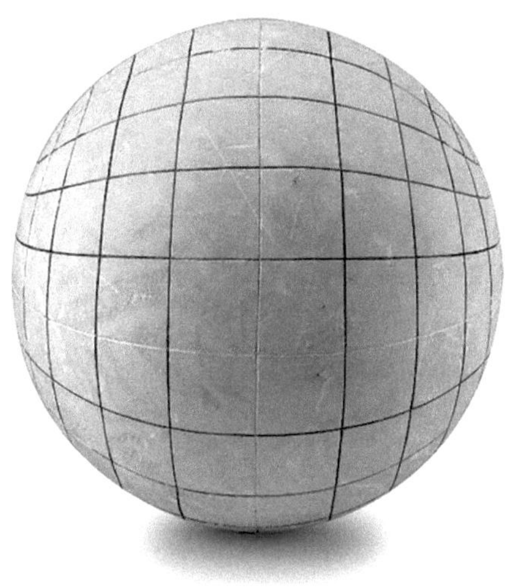

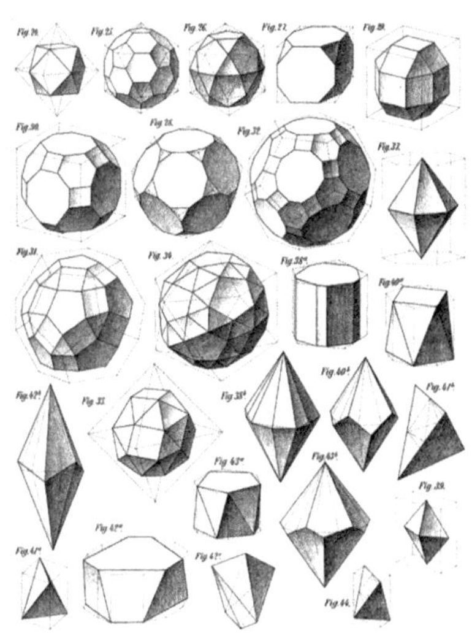

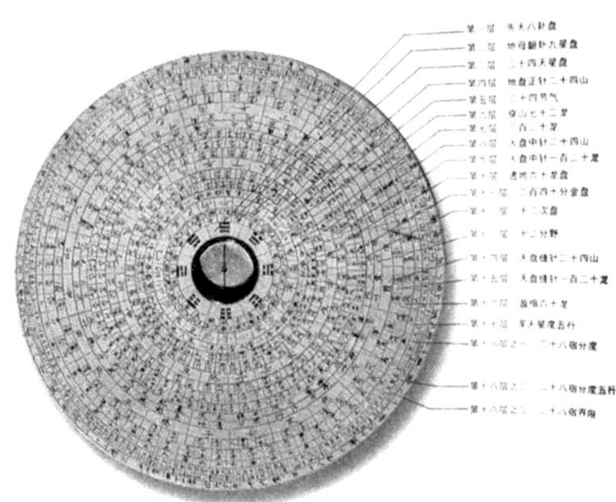

第一层　先天八卦盘
第二层　地母翻卦九星盘
第三层　二十四天星盘
第四层　地盘正针二十四山
第五层　二十四节气
第六层　穿山七十二龙
第七层　一百二十分
第八层　人盘中针二十四山
第九层　人盘中针一百二十龙
第十层　透地六十龙盘
第十一层　二百四十分金盘
第十二层　十二次盘
第十三层　十二分野
第十四层　天盘缝针二十四山
第十五层　天盘缝针一百二十龙
第十六层　盖喝六十龙
第十七层　周天星度五行
第十八层之一　二十八宿分度
第十八层之二　二十八宿分度五行
第十八层之三　二十八宿界限

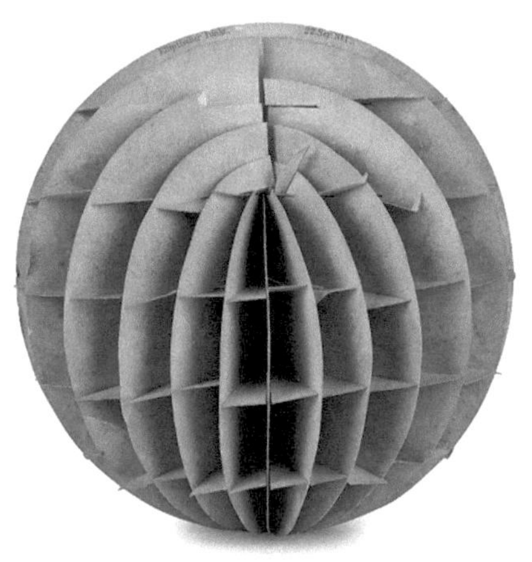

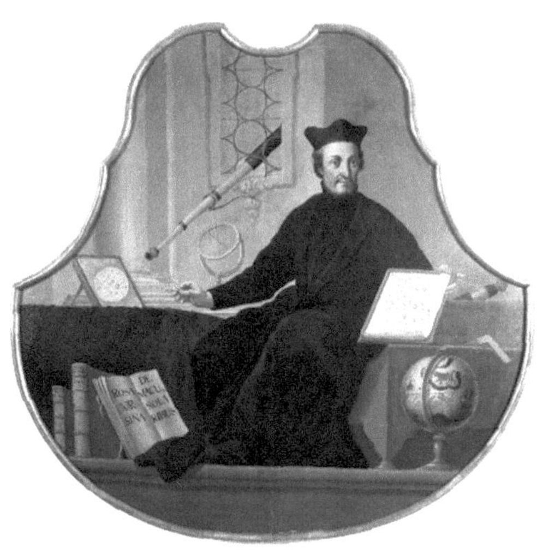

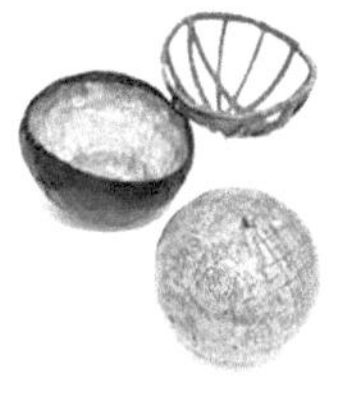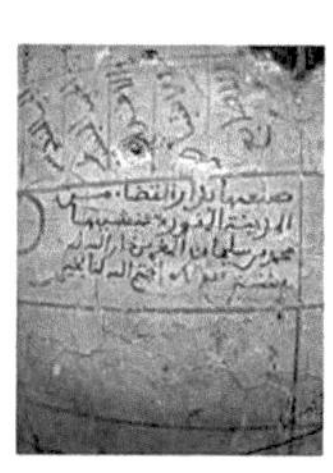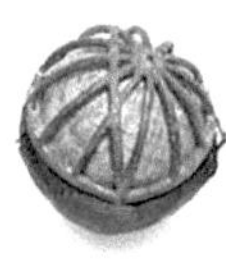

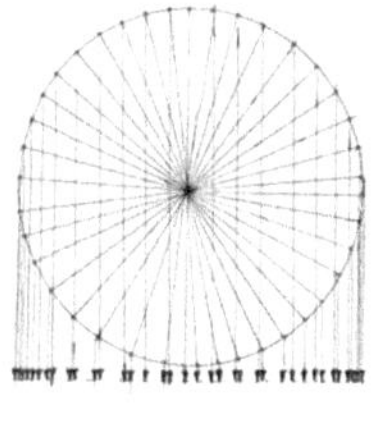 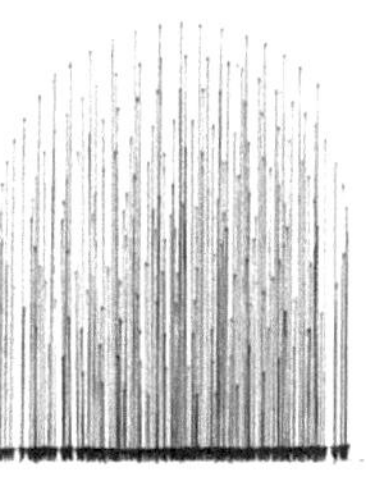

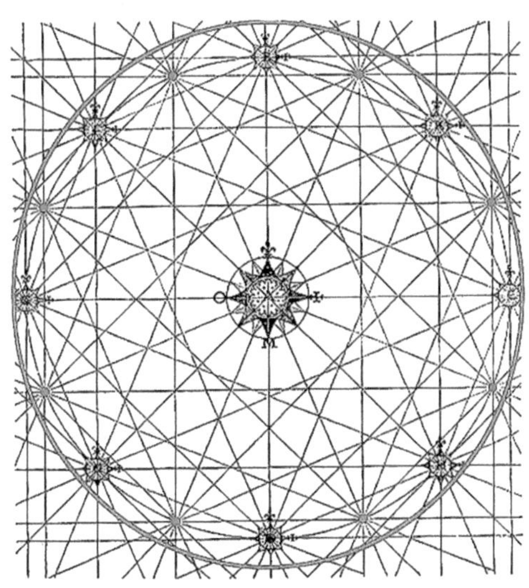

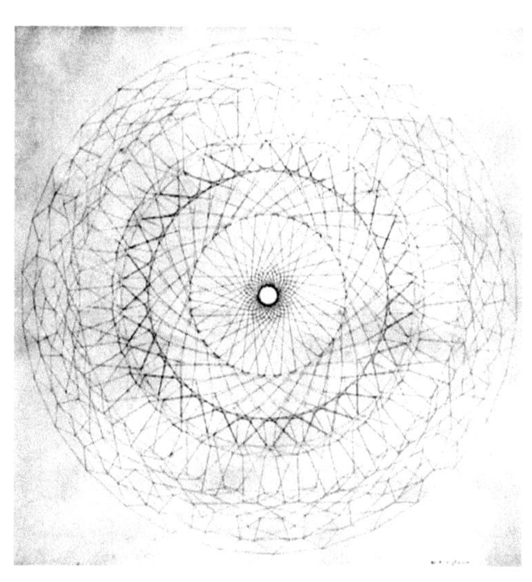

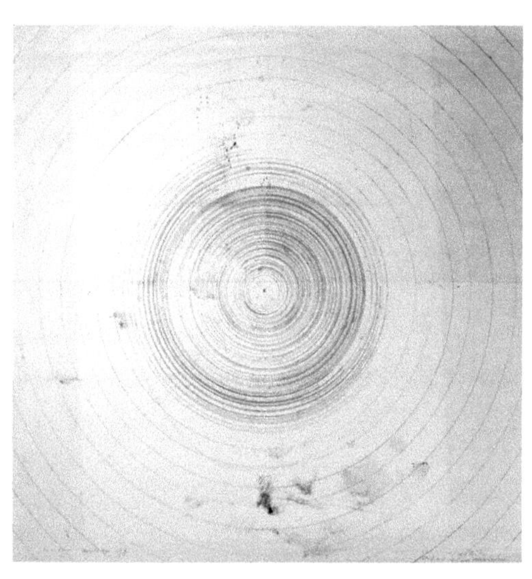

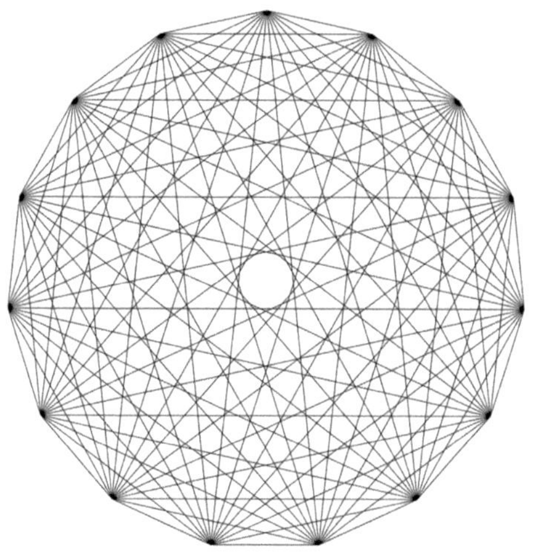

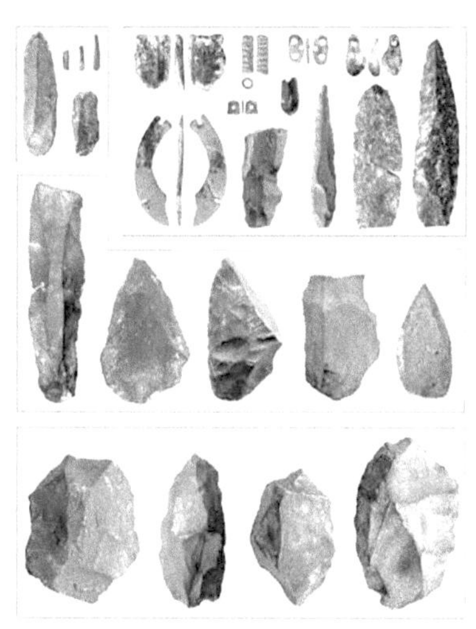

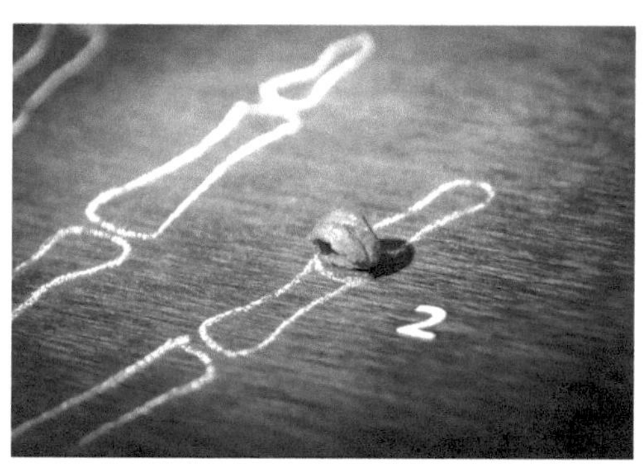

2

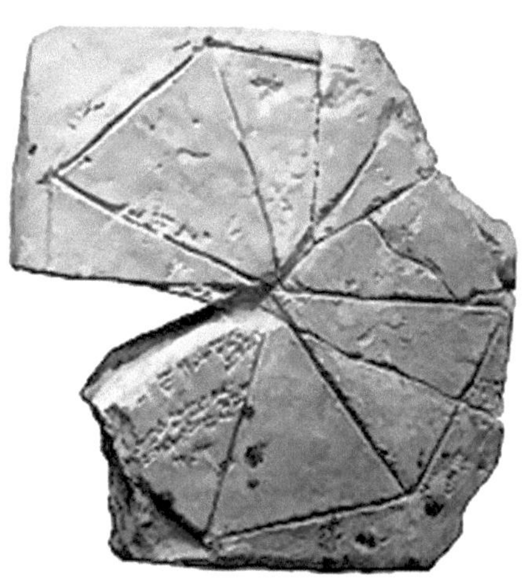

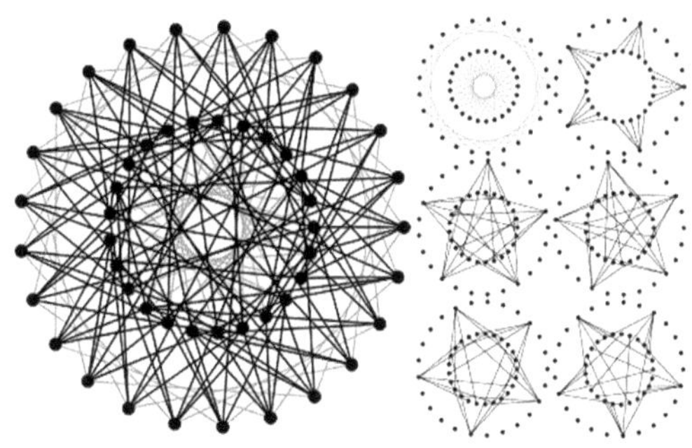

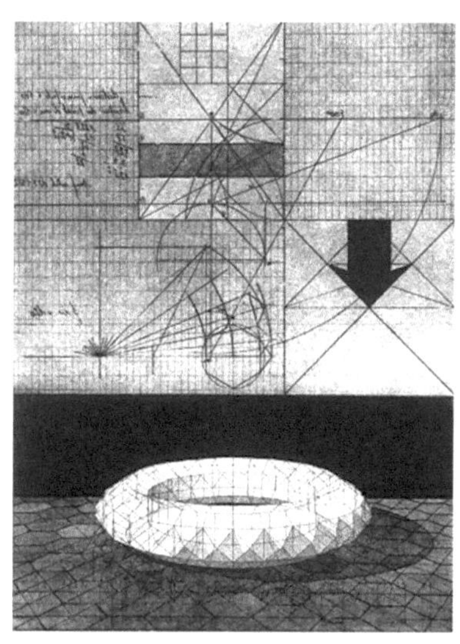

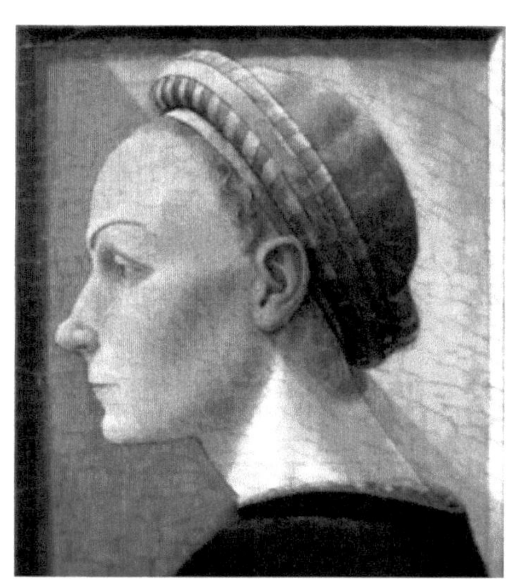

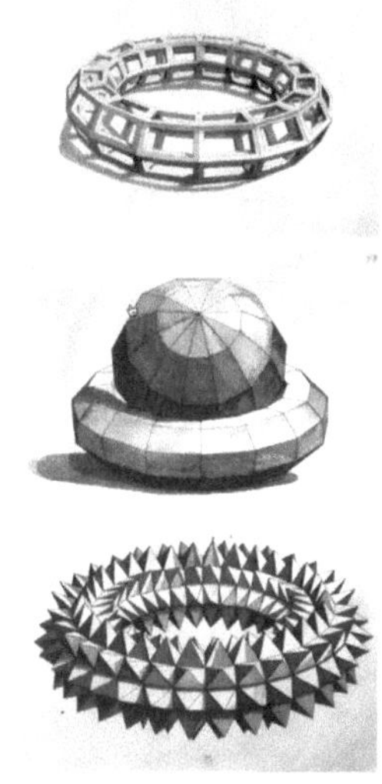

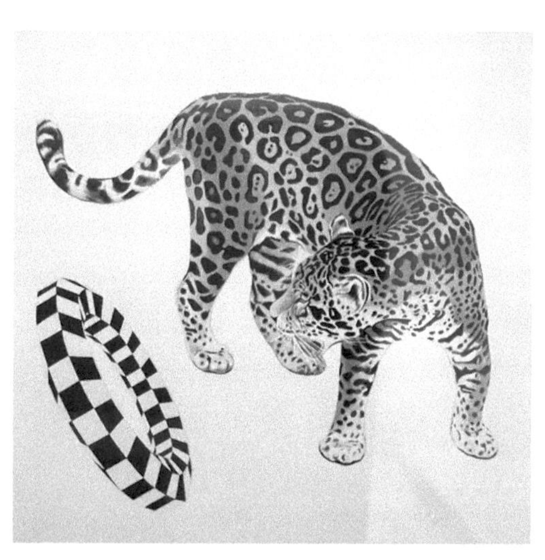

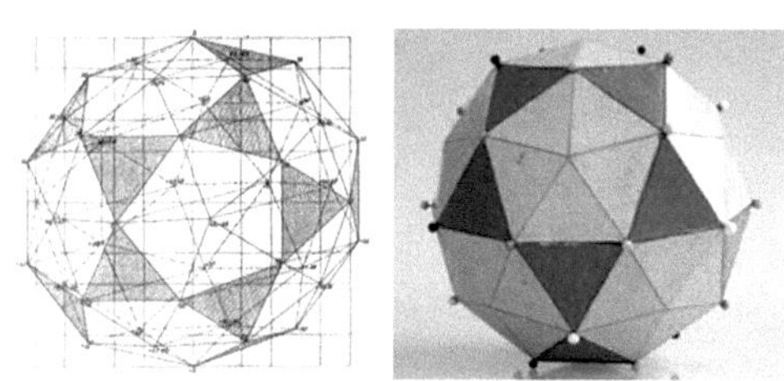

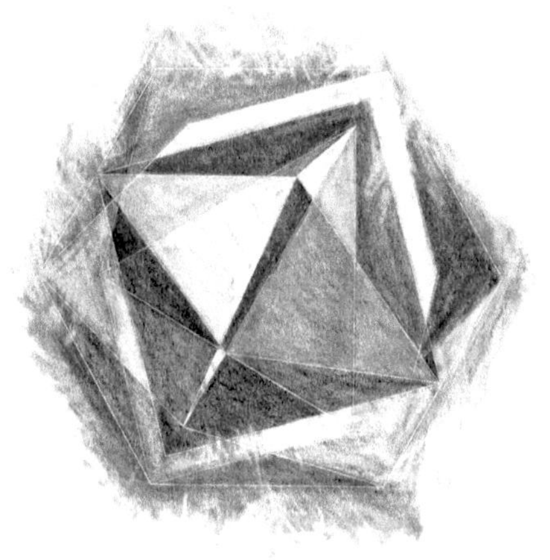

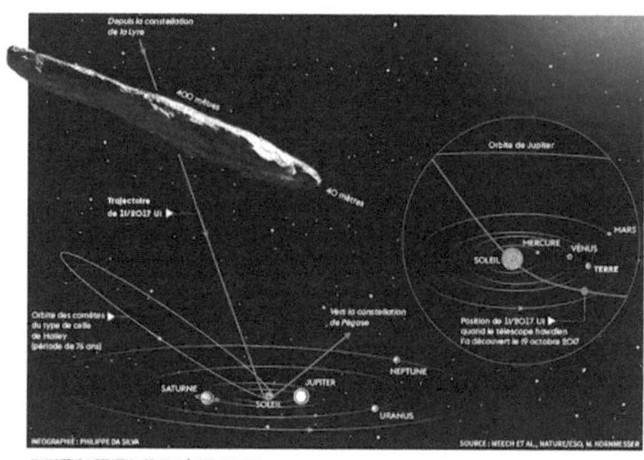


**UN VISITEUR INTERSTELLAIRE NOMMÉ « 'OUMUAMUA »**

Les astronomes attendaient un tel événement depuis des décennies : le 19 octobre, le premier objet venant d'au-delà de notre système solaire a été détecté par un télescope de l'université d'Hawaï. « Oumuamua » (« premier messager du lointain » en hawaïen), alias 1I/2017 U1 (« I » pour interstellaire), comme l'a baptisé l'Union astronomique internationale, vient de la constellation de la Lyre. Il est passé à 60 fois la distance Terre-Lune de notre planète, et est déjà reparti vers la constellation Pégase, après un virage serré autour du Soleil. Dans Nature du 20 novembre, une équipe internationale décrit sa forme surprenante : long de 400 m, très effilé, il ne correspond à rien de connu dans le système solaire. Probablement rocheux et métallique, il est inerte. Sa couleur rougeâtre témoigne des effets des rayons cosmiques pendant un long voyage de plusieurs centaines de millions d'années. — HERVÉ MORIN

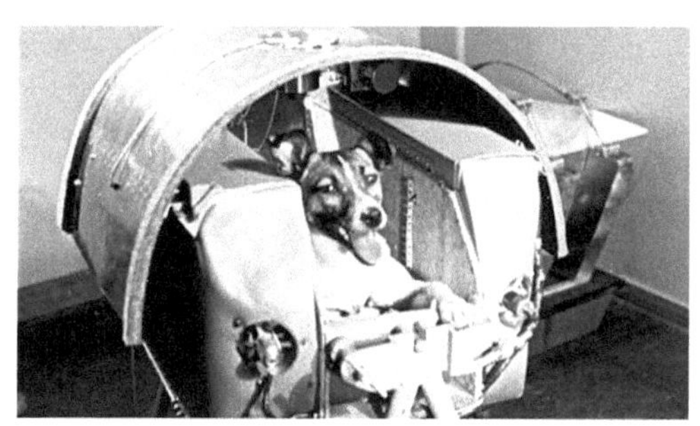

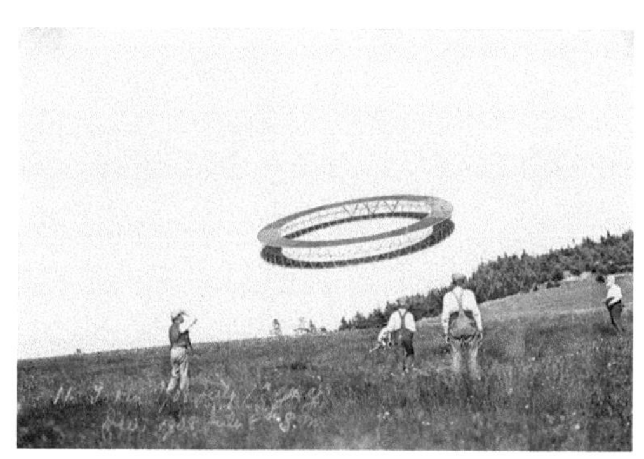

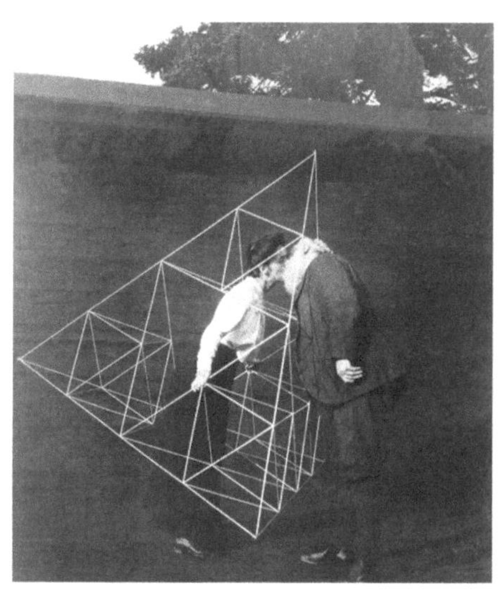

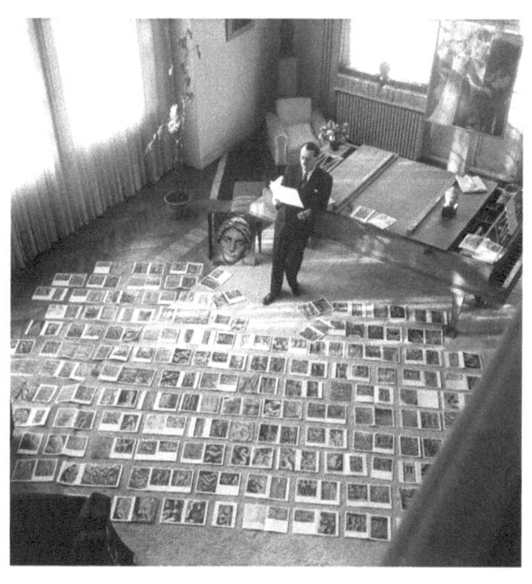

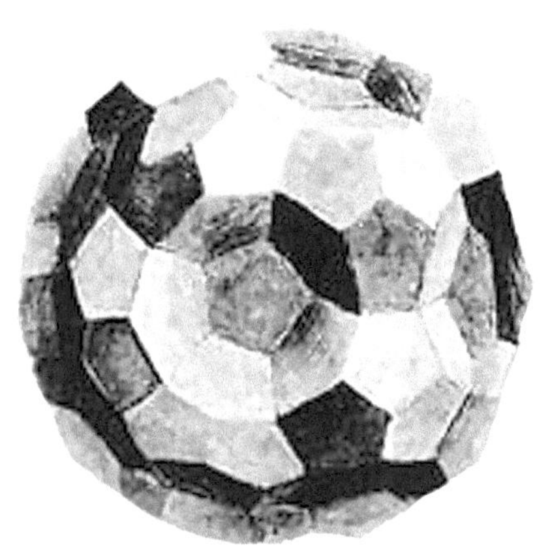

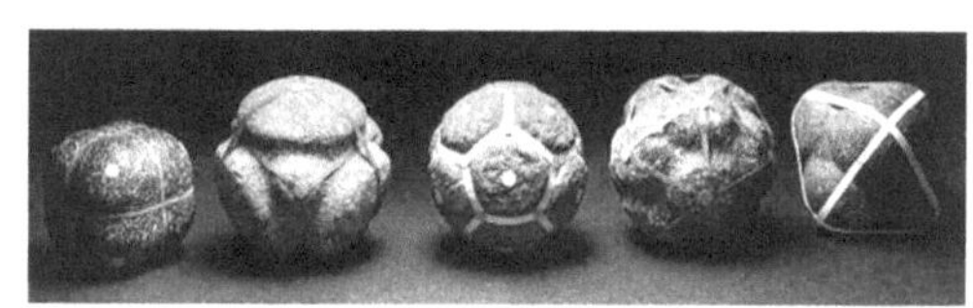

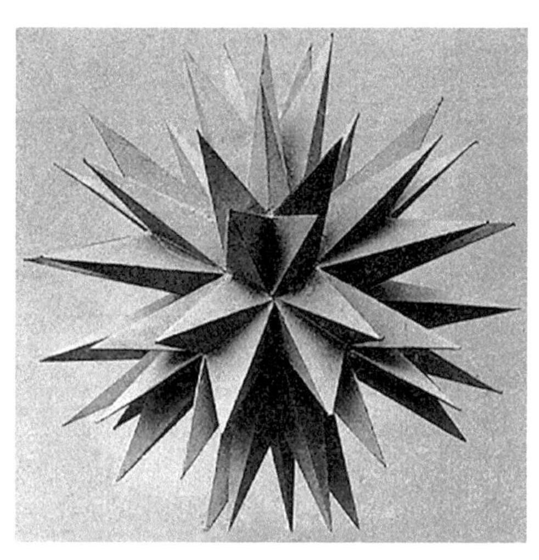

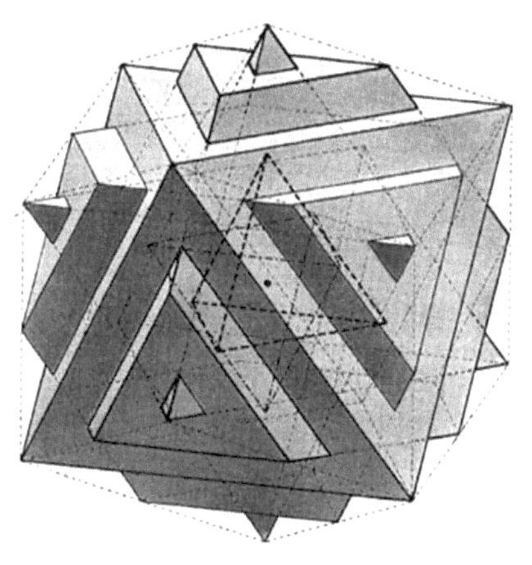

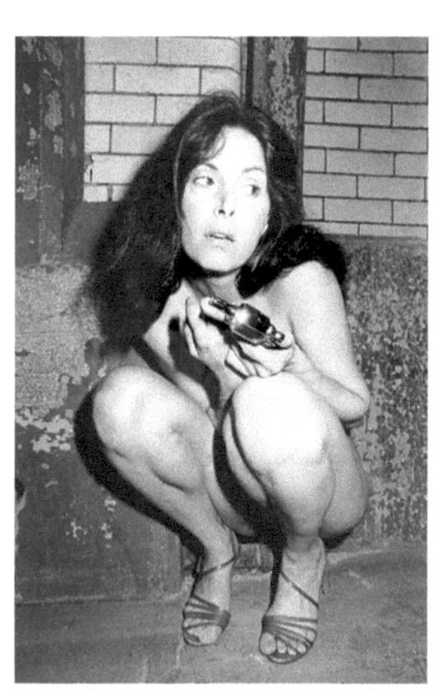

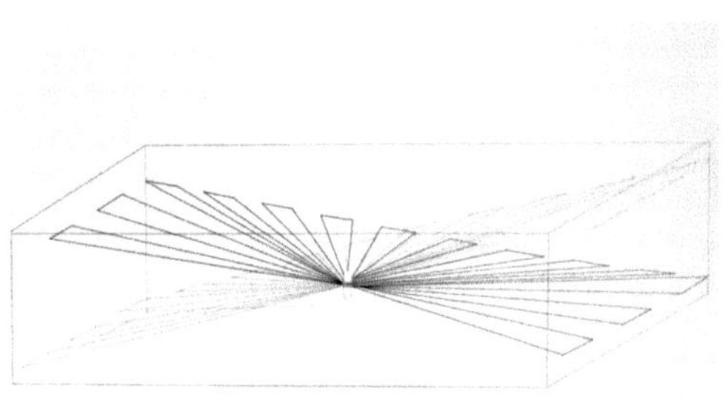

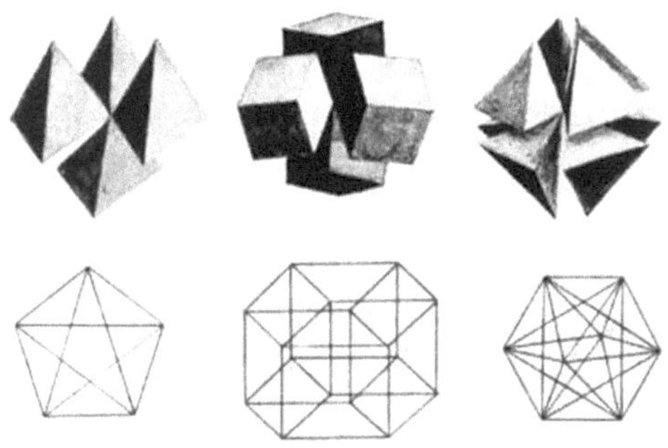

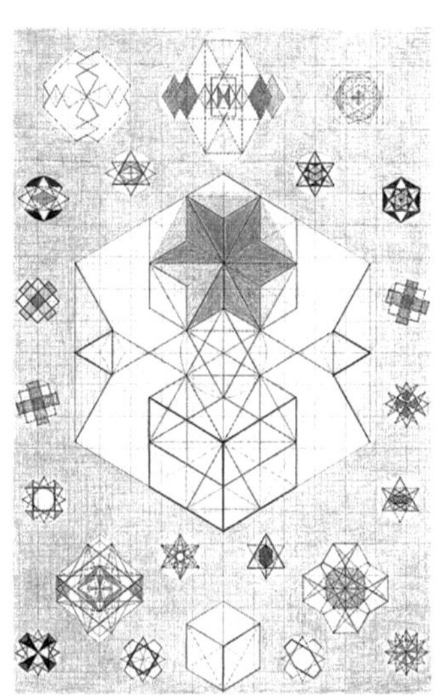

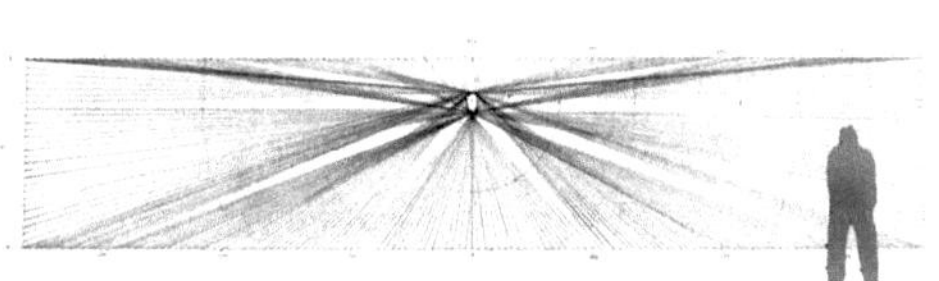

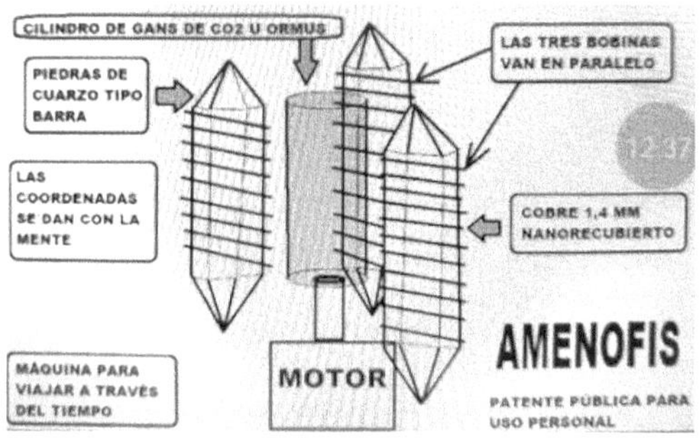

CILINDRO DE GANS DE CO2 U ORMUS
PIEDRAS DE CUARZO TIPO BARRA
LAS TRES BOBINAS VAN EN PARALELO
LAS COORDENADAS SE DAN CON LA MENTE
COBRE 1,4 MM NANORECUBIERTO
MÁQUINA PARA VIAJAR A TRAVÉS DEL TIEMPO
MOTOR
AMENOFIS
PATENTE PÚBLICA PARA USO PERSONAL

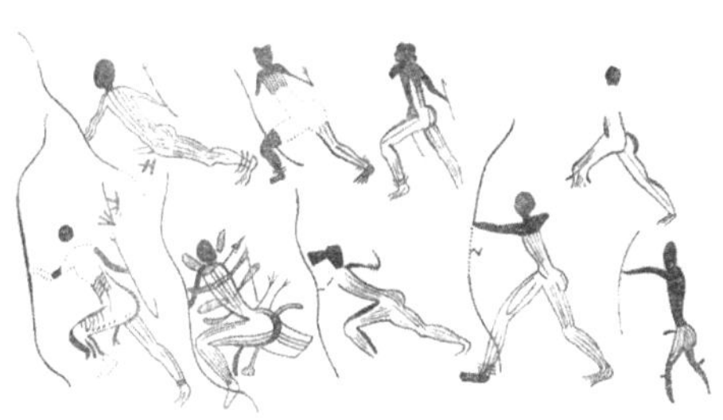

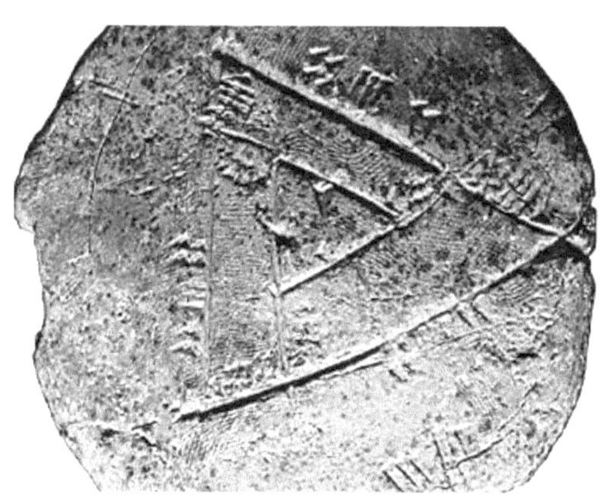

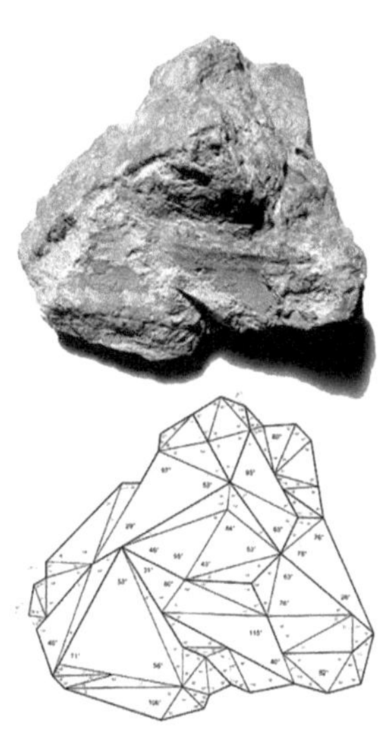

# JOSEPH BEUYS "CADA HOMBRE, UN ARTISTA"; LOS DOCUMENTA DE KASSEL Y EL CONCEPTO DE ARTE AMPLIADO.

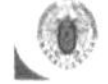

Dr. Adolfo Vásquez Rocca

Universidad Complutense de Madrid.

Abstract

Beuys es el heredero directo de toda la tradición del Idealismo y el arte Romántico del Centro y el Norte de Europa. En su educación serán fundamentales las lecturas de Novalis, Hölderlin, Schiller, Jean Paul, Tieck, Nietzsche, Hegel, Kierkegaard y más tarde el teósofo y educador Rudolf Steiner, auténtica columna vertebral de sus teorías sociales que ya había influenciado poderosamente a otros artistas de esta tradición romántica como Kandinsky. A lo largo de su itinerario, Joseph Beuys pretendió acabar con la idea del arte como una práctica aislada para configurar un concepto "ampliado" del arte , abriendo el horizonte de la creatividad más allá del ghetto del arte.

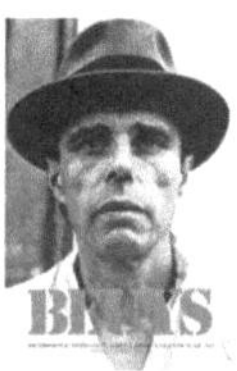

Adolfo Vásquez Rocca

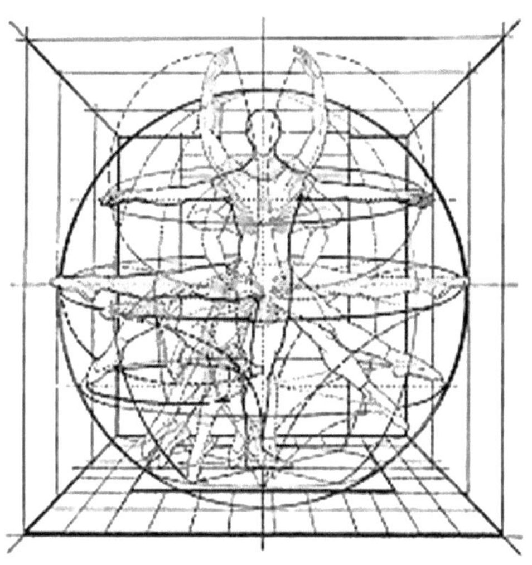

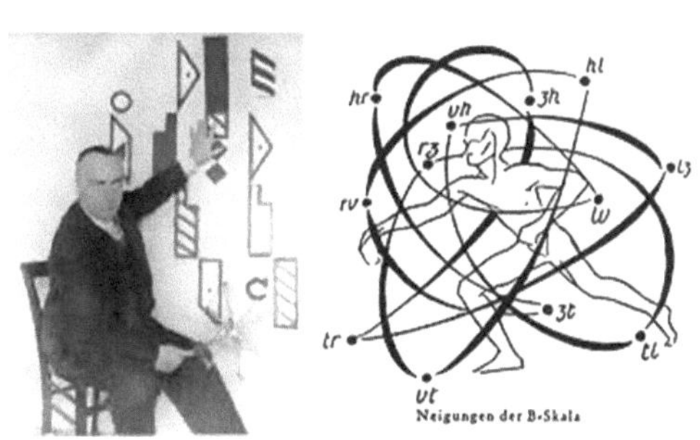
hr
hl
vh
zh
rz
lz
rv
w
tr
zt
tl
vt
Neigungen der B-Skala

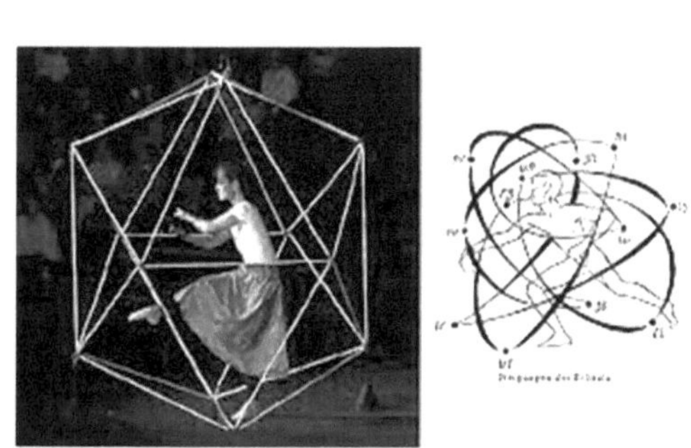

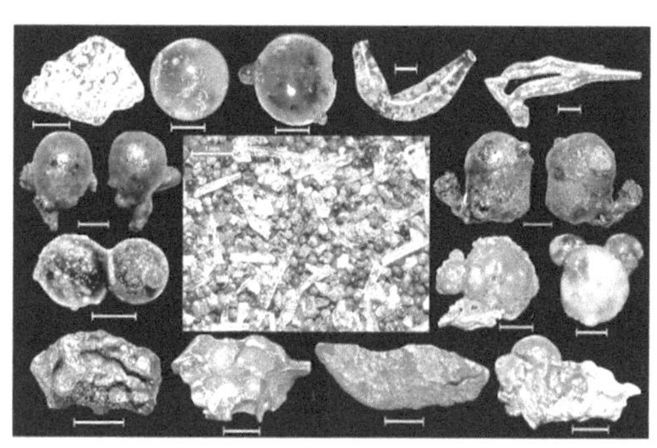

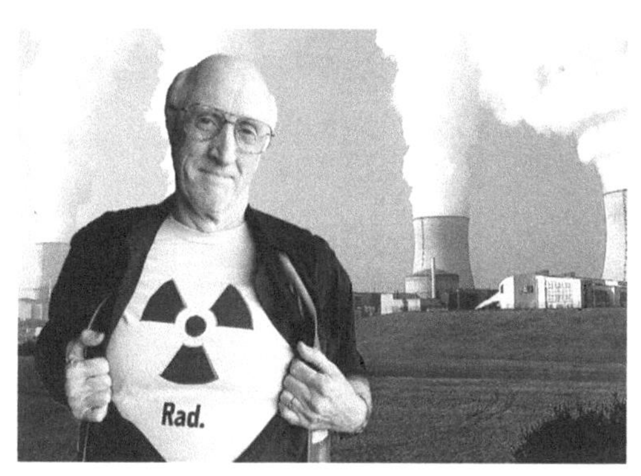

Rad.

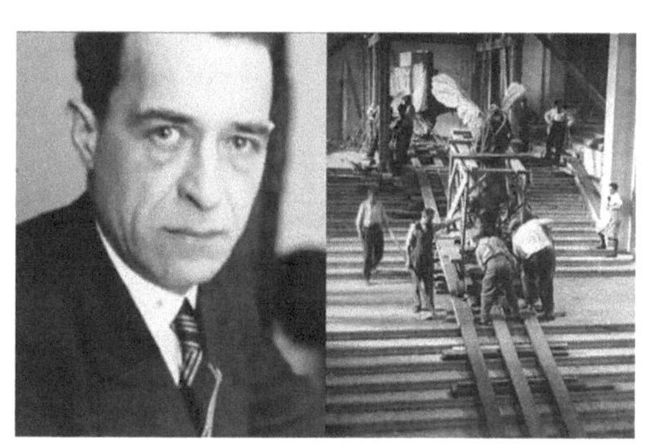

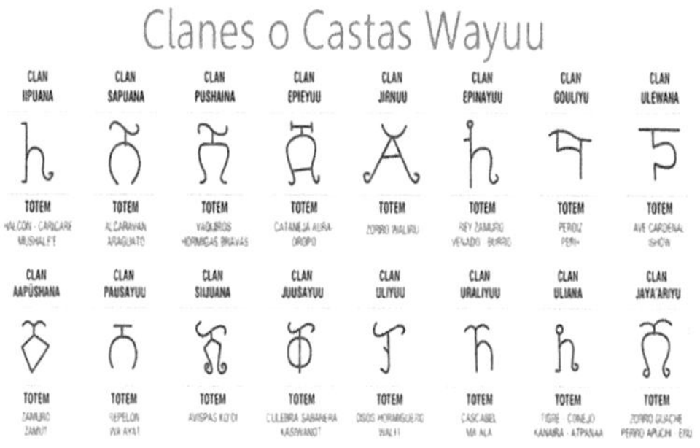

# Clanes o Castas Wayuu

| CLAN IIPUANA | CLAN SAPUANA | CLAN PUSHAINA | CLAN EPIEYUU | CLAN JIRNUU | CLAN EPINAYUU | CLAN GOULIYU | CLAN ULEWANA |
|---|---|---|---|---|---|---|---|
| TOTEM | TOTEM | TOTEM | TOTEM | TOTEM | TOTEM | TOTEM | TOTEM |
| HALCÓN - CARICARE MUSHALE'E | ALCARAVAN ARAGUATO | VAQUIROS HORMIGAS BRAVAS | CATANEJA AURA- OROPO | ZORRO WALIRU | REY ZAMURO VENADO BURRO | PERDIZ PERI | AVE CARDENAL SHOW |

| CLAN AAPÚSHANA | CLAN PAUSAYUU | CLAN SIJUANA | CLAN JUUSAYUU | CLAN ULIYUU | CLAN URALIYUU | CLAN ULIANA | CLAN JAYA'ARIYU |
|---|---|---|---|---|---|---|---|
| TOTEM | TOTEM | TOTEM | TOTEM | TOTEM | TOTEM | TOTEM | TOTEM |
| ZAMURO ZAMUT | REPELON IVA AYUT | AVISPAS KO'OI | CULEBRA SABANERA KASIWANOT | OSOS HORMIGUERO WALII | CASCABEL MA ALA | TIGRE CONEJO KANAIRA - ATPANAA | ZORRO GUACHE PERRO APUCHI - ERU |

La Gran Nación Wayuu, ancestralmente e históricamente dueña de la Guajira Colombo-Venezolana...

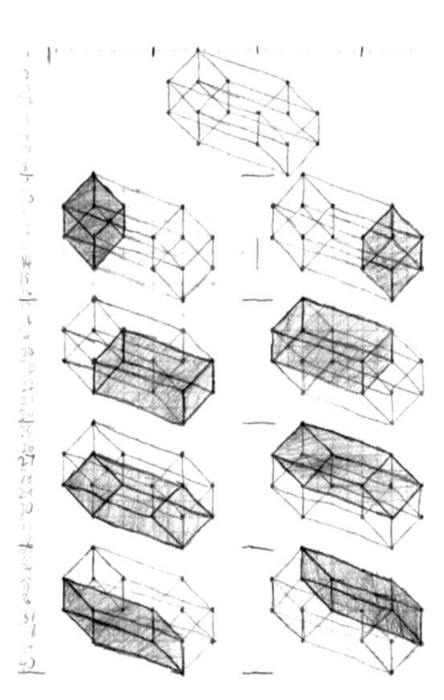

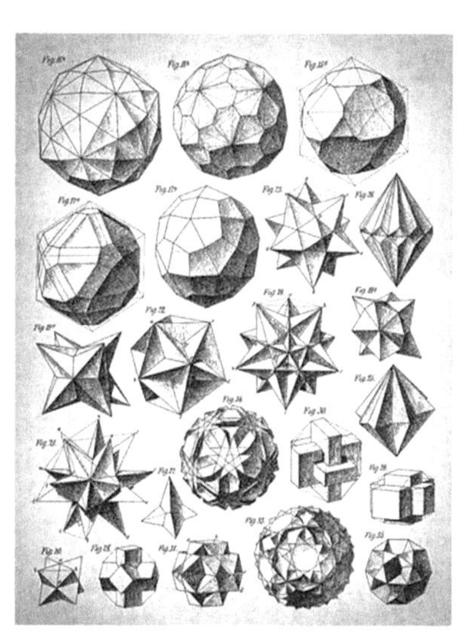

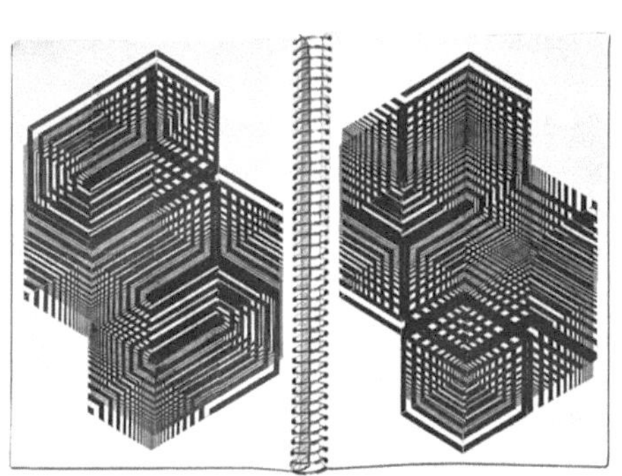

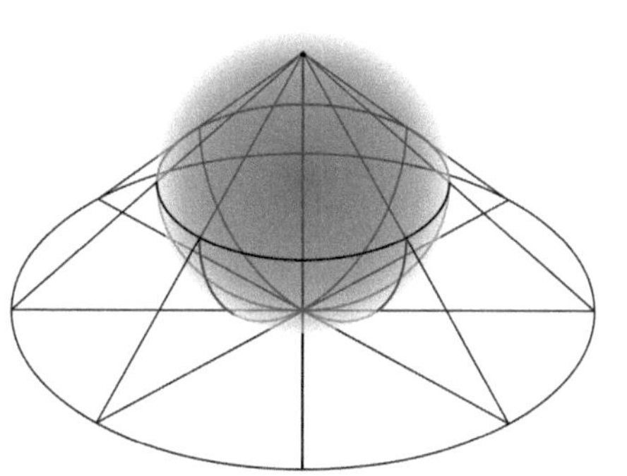

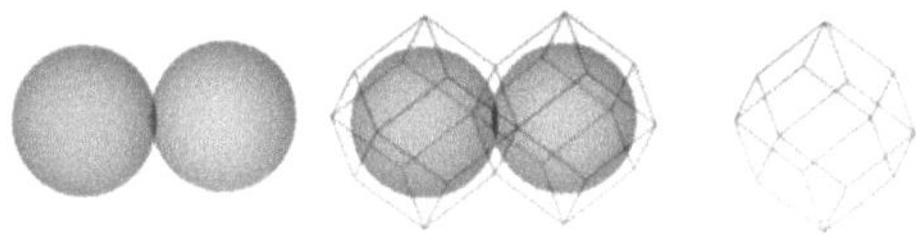

Close-Packed Rhombic Dodecahedra and Spheres

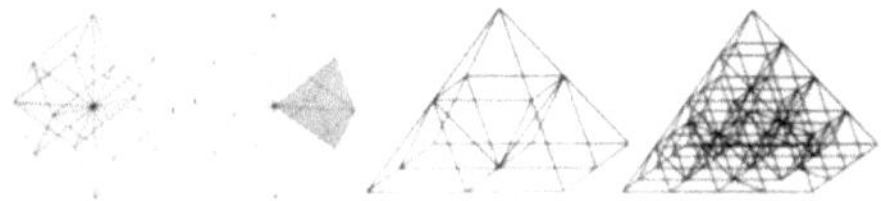

Decomposition of Dodecahedra into Self-Similar Rhombic Pyramids

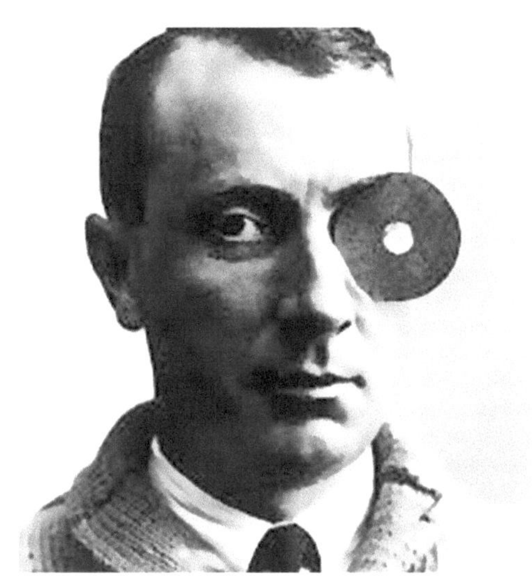

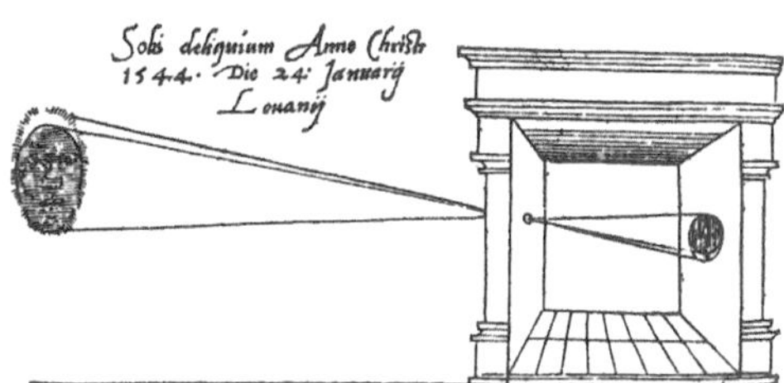

Solis deliquium Anno Christi
1544. Die 24: Januarij
Louanij

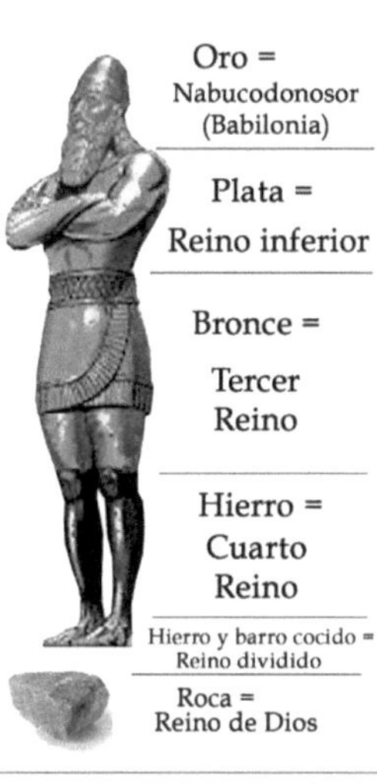

Oro =
Nabucodonosor
(Babilonia)

Plata =
Reino inferior

Bronce =

Tercer
Reino

Hierro =
Cuarto
Reino

Hierro y barro cocido =
Reino dividido

Roca =
Reino de Dios

1 - 2 - 3 - 4 - 10 (dedos)  - Reino de Dios

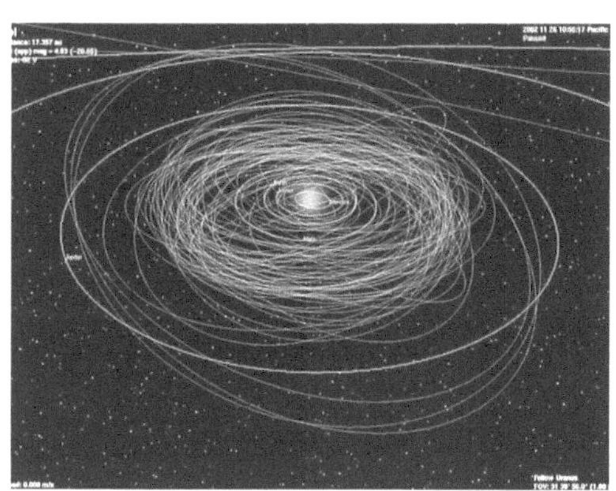

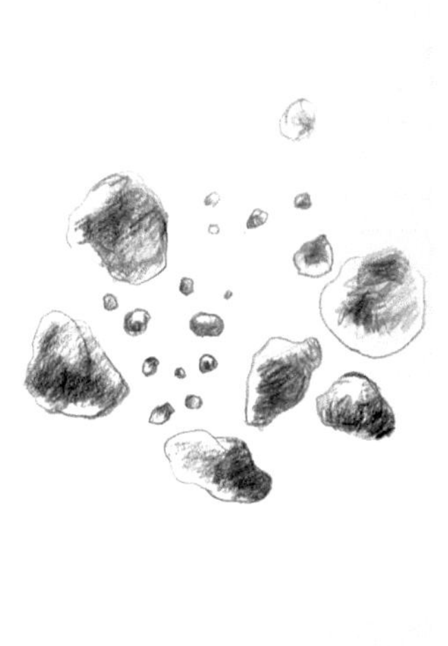

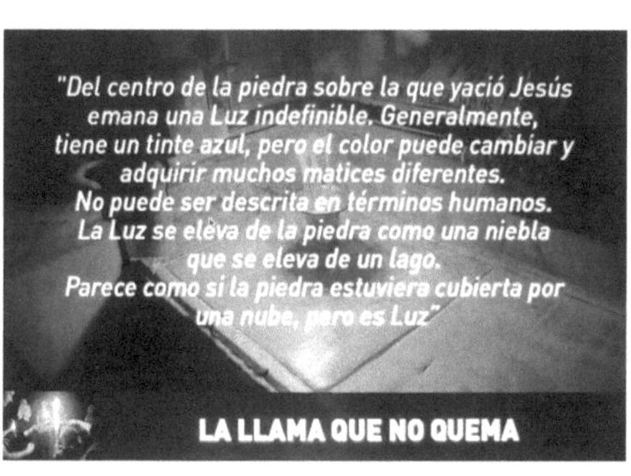

"Del centro de la piedra sobre la que yació Jesús
emana una Luz indefinible. Generalmente,
tiene un tinte azul, pero el color puede cambiar y
adquirir muchos matices diferentes.
No puede ser descrita en términos humanos.
La Luz se eleva de la piedra como una niebla
que se eleva de un lago.
Parece como si la piedra estuviera cubierta por
una nube, pero es Luz"
LA LLAMA QUE NO QUEMA

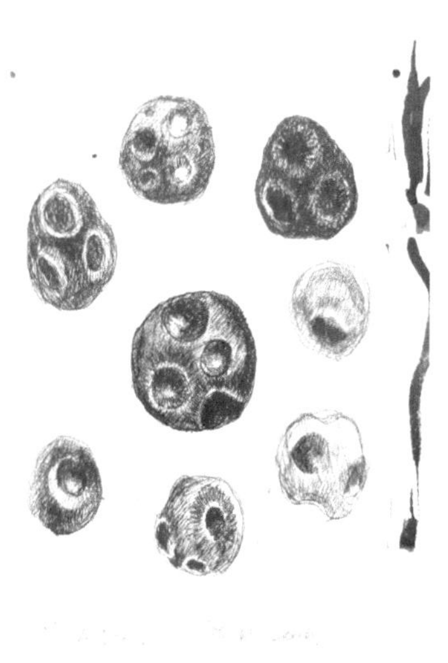

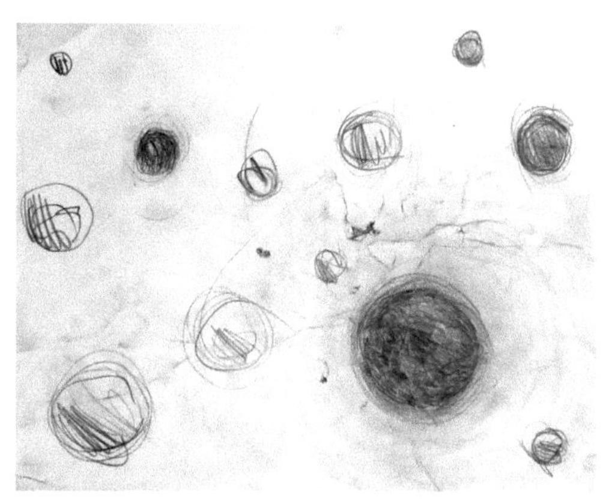

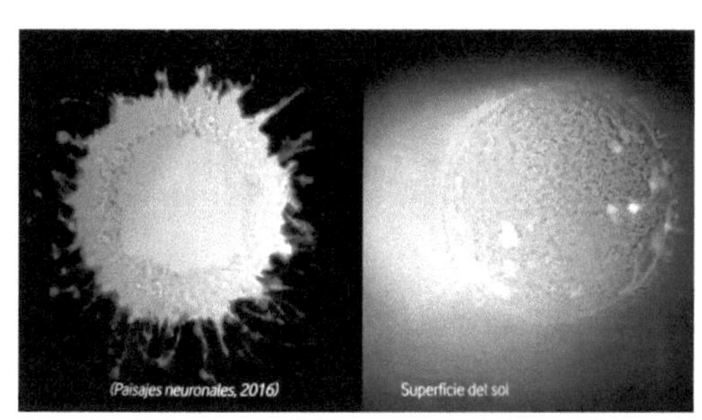


(Paisajes neuronales, 2016)
Superficie del sol

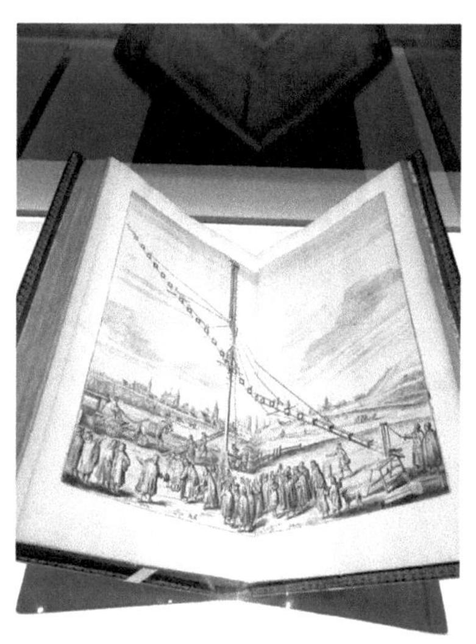

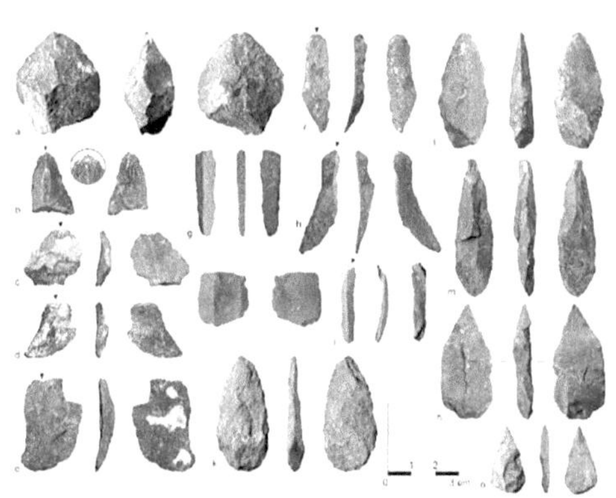

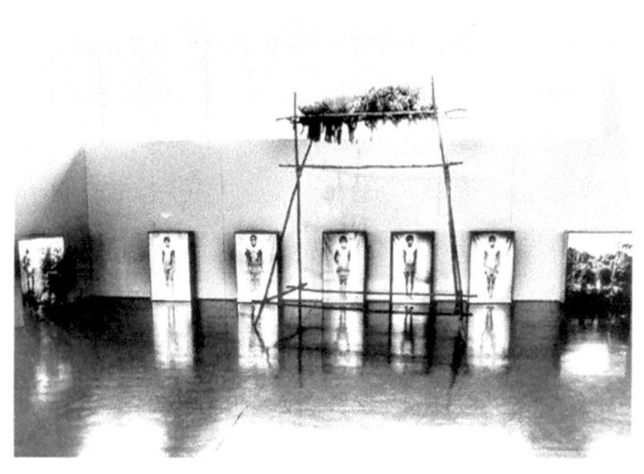

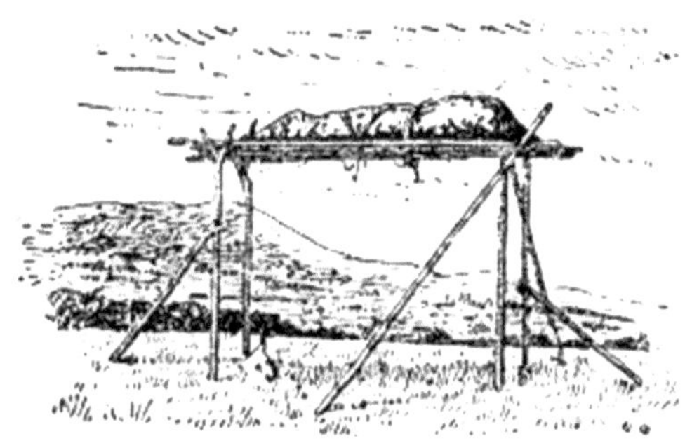

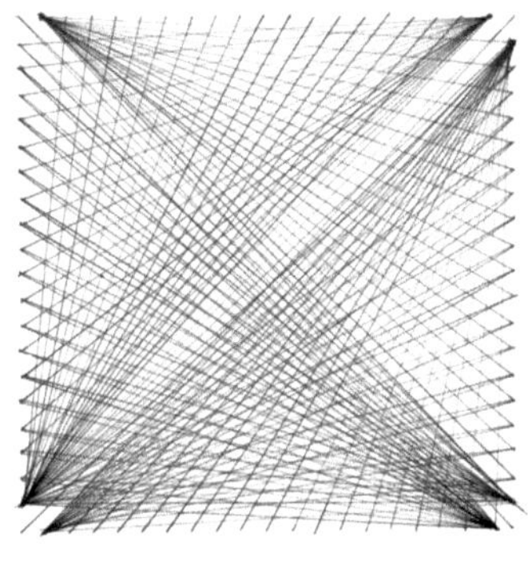

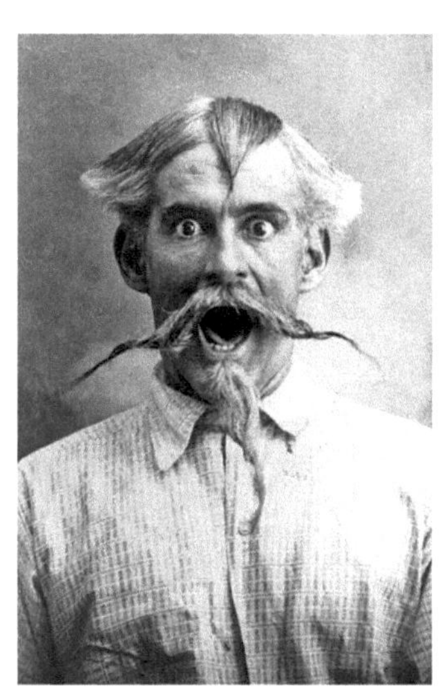

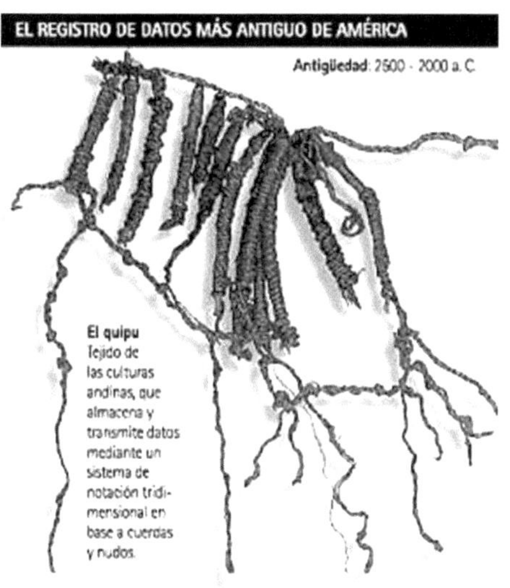

EL REGISTRO DE DATOS MÁS ANTIGUO DE AMÉRICA
Antigüedad: 2500 - 2000 a. C.
El quipu
Tejido de
las culturas
andinas, que
almacena y
transmite datos
mediante un
sistema de
notación tridi-
mensional en
base a cuerdas
y nudos.

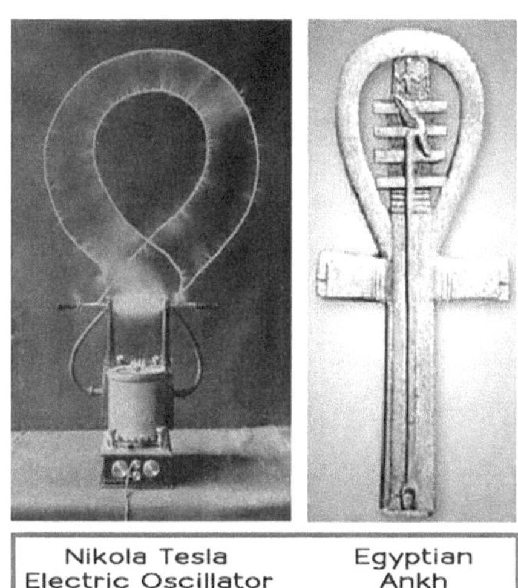


Nikola Tesla
Electric Oscillator

Egyptian
Ankh

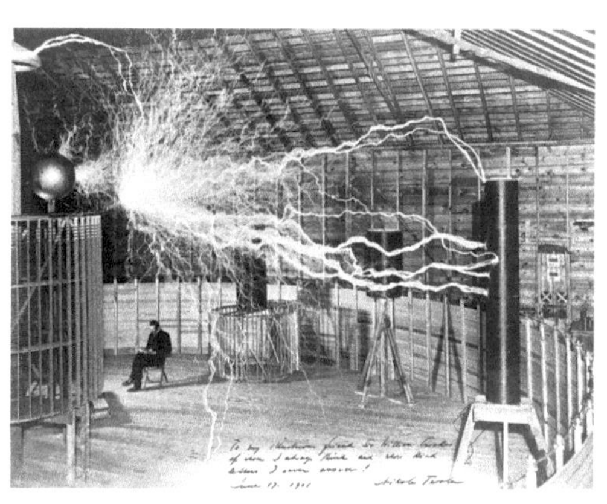

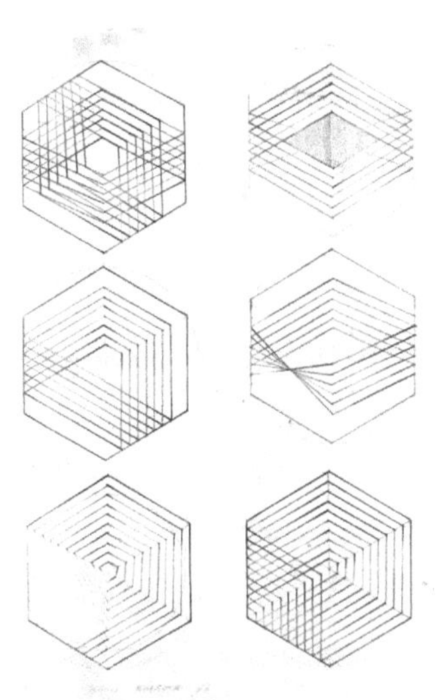

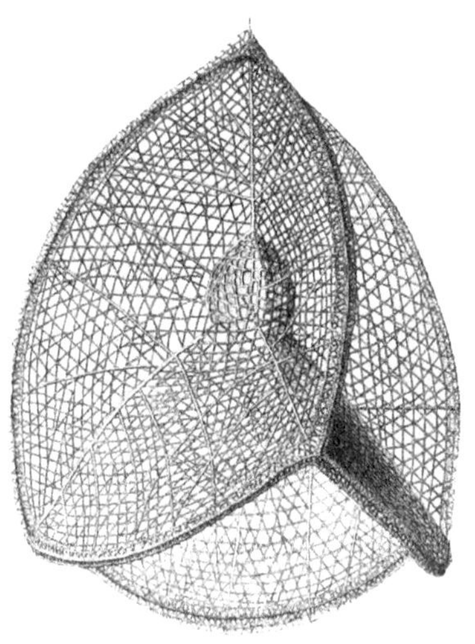

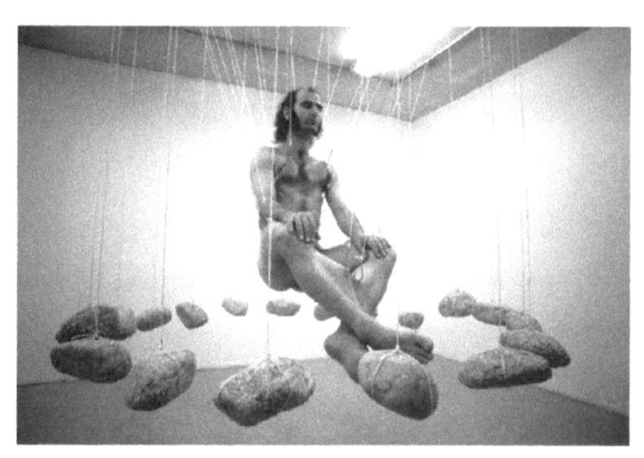

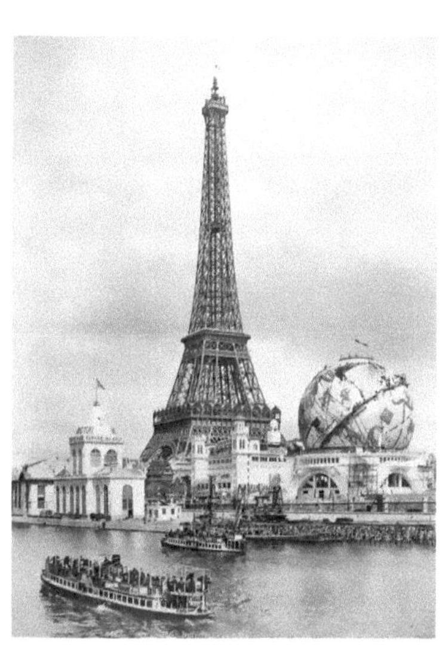

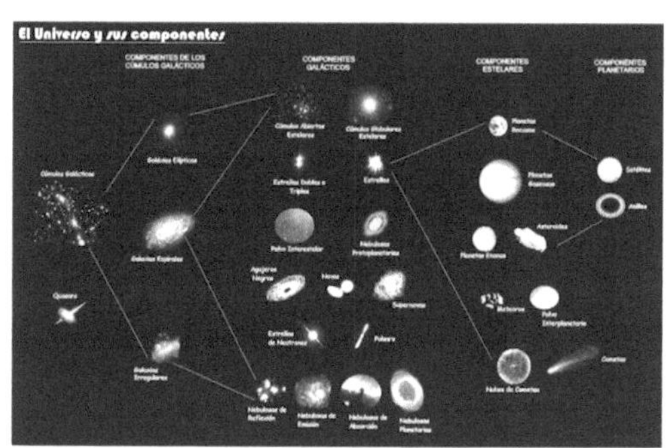
El Universo y sus componentes
COMPONENTES DE LOS CÚMULOS GALÁCTICOS
COMPONENTES GALÁCTICOS
COMPONENTES ESTELARES
COMPONENTES PLANETARIOS
Cúmulos Galácticos
Galaxias Elípticas
Galaxias Espirales
Quasars
Galaxias Irregulares
Cúmulos Abiertos Estelares
Cúmulos Globulares Estelares
Estrellas Dobles o Triples
Estrellas
Polvo Interestelar
Nebulosas Protoplanetarias
Agujeros Negros
Novas
Supernovas
Estrellas de Neutrones
Pulsars
Nebulosas de Reflexión
Nebulosas de Emisión
Nebulosas de Absorción
Nebulosas Planetarias
Planetas Rocosos
Planetas Gaseosos
Asteroides
Planetas Enanos
Meteoros
Polvo Interplanetario
Nubes de Cometas
Satélites
Anillos
Cometas

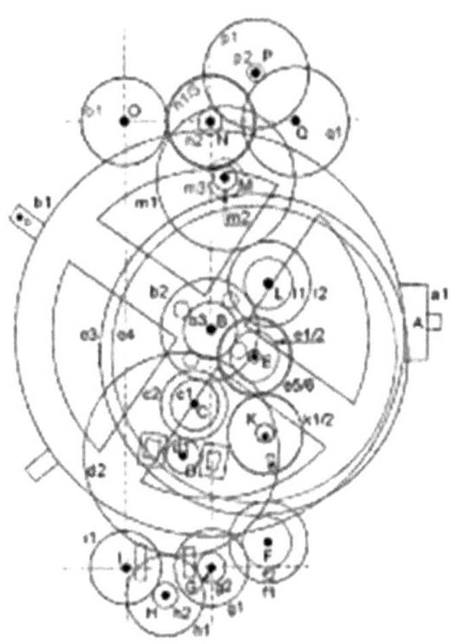

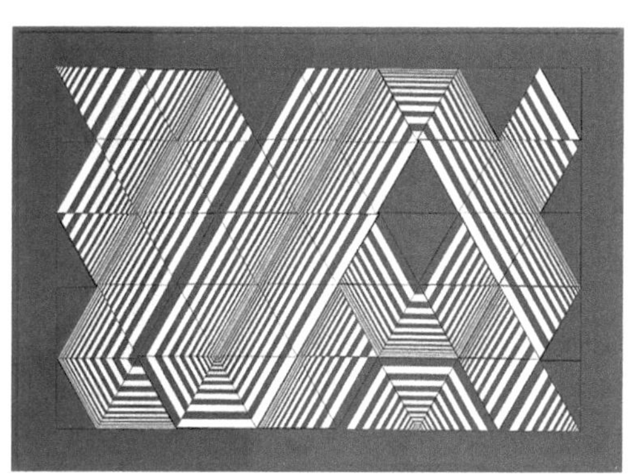

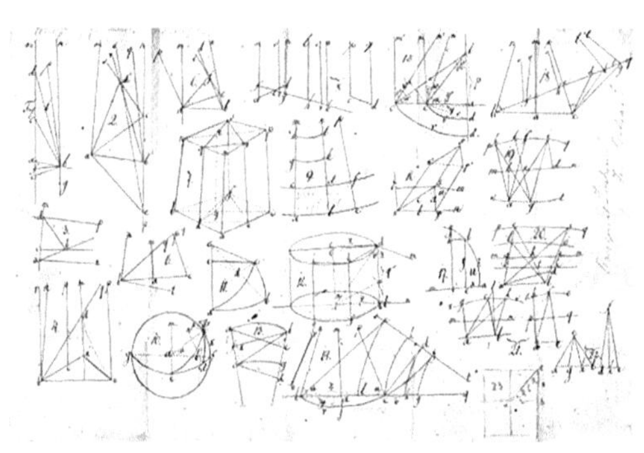

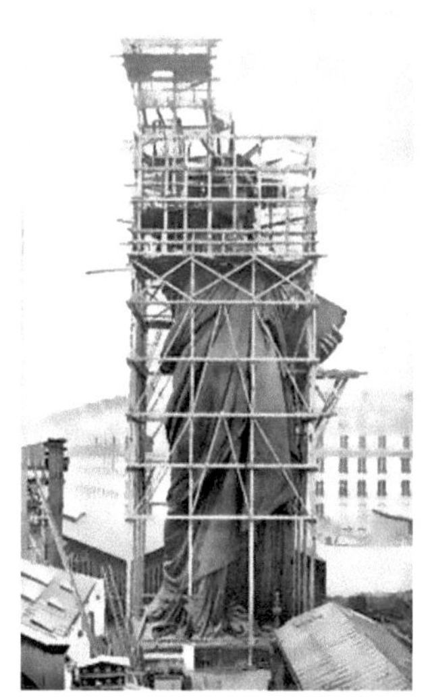

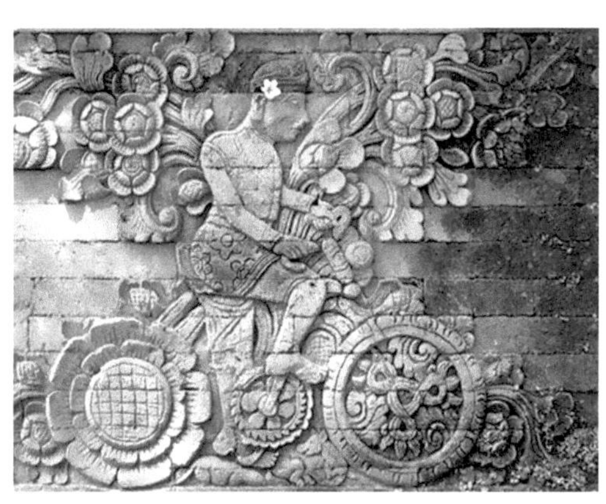

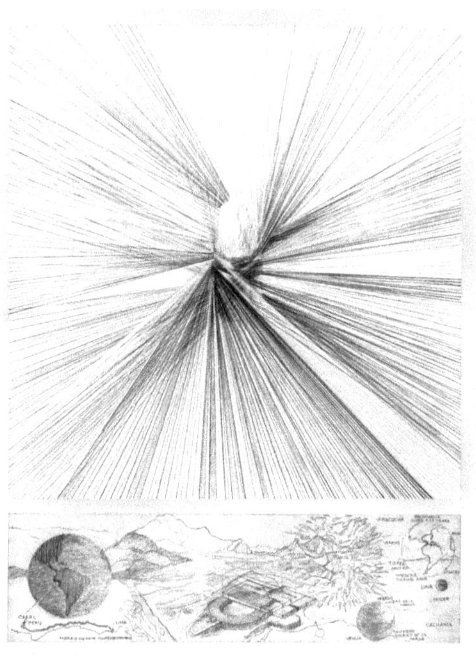

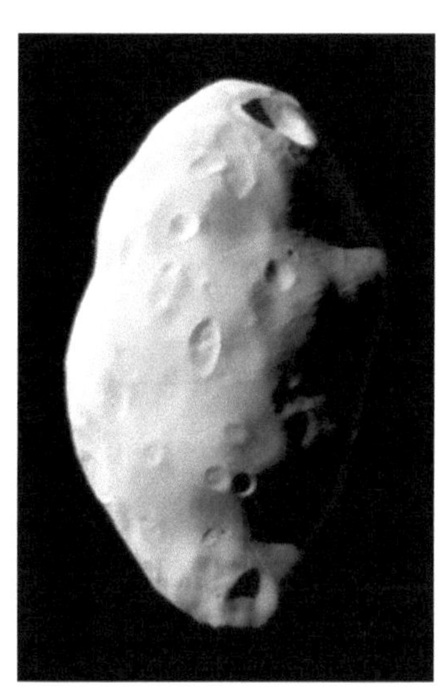

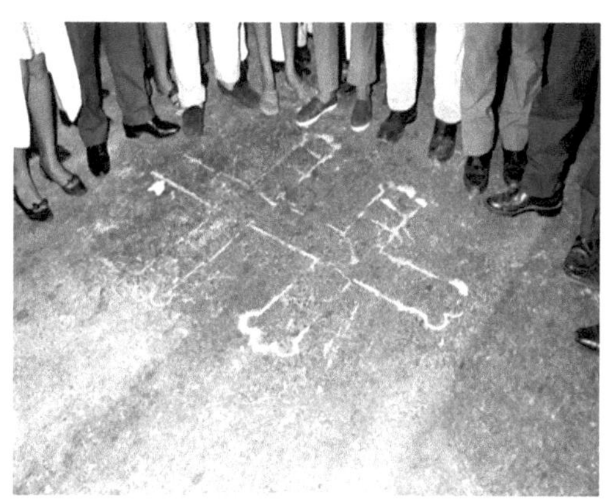

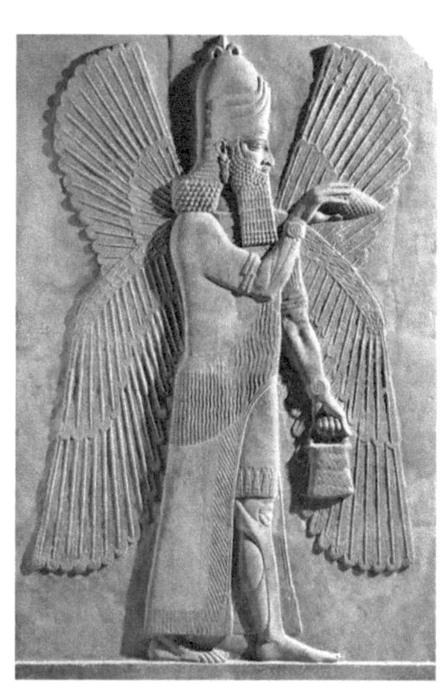

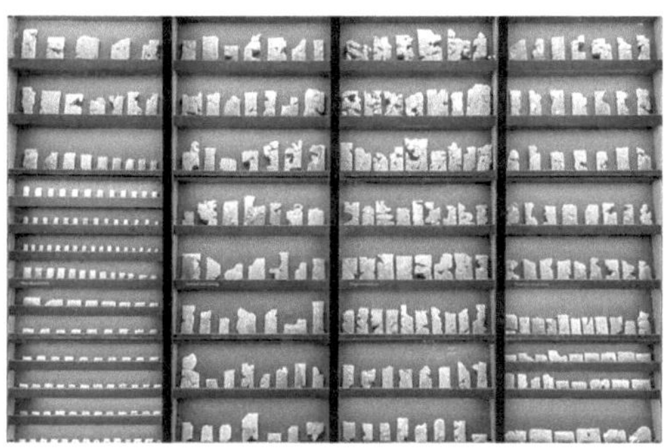

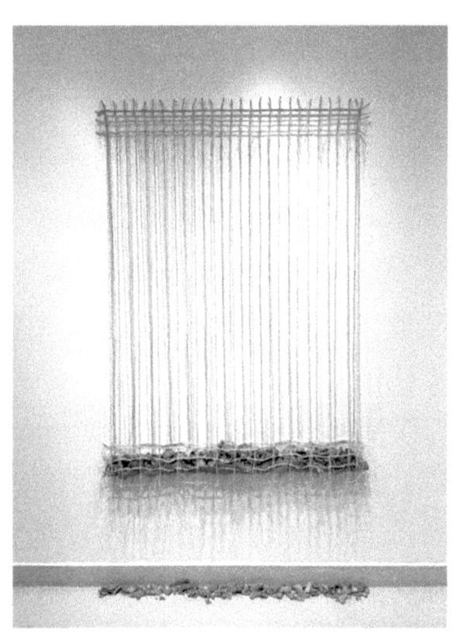

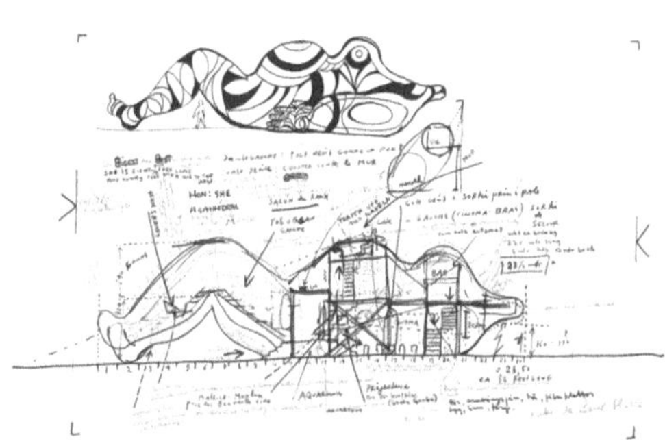

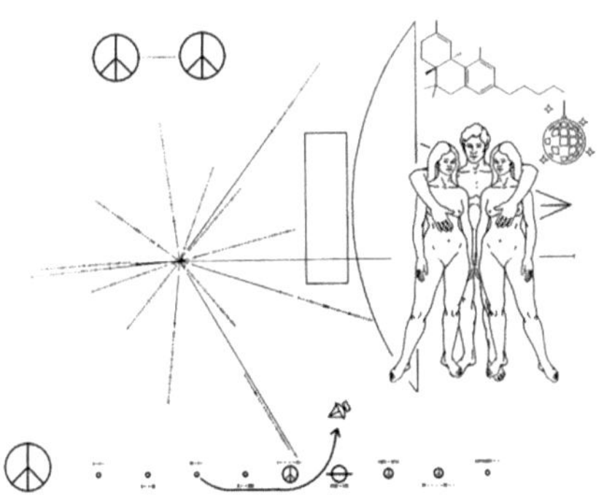

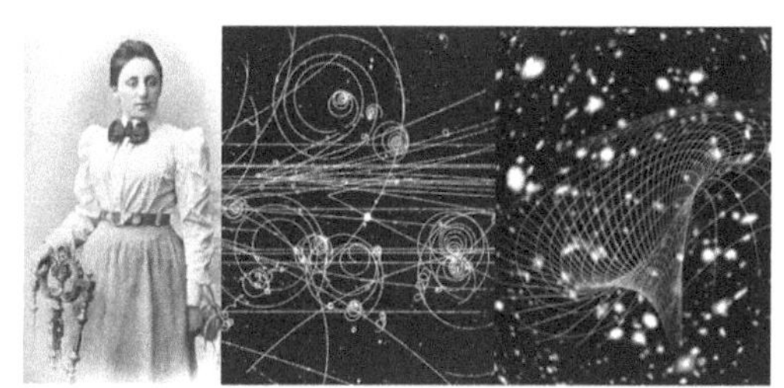

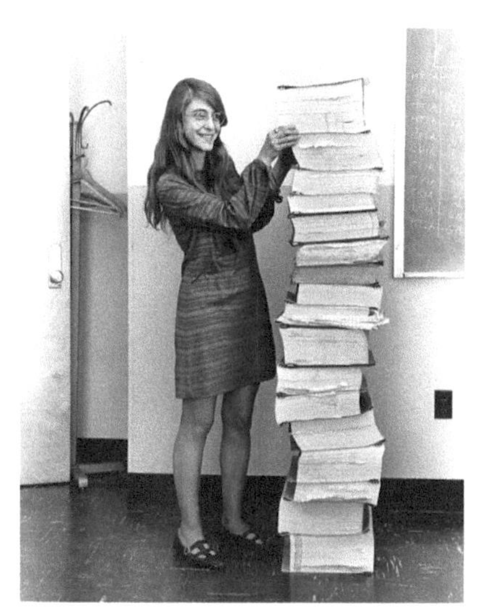

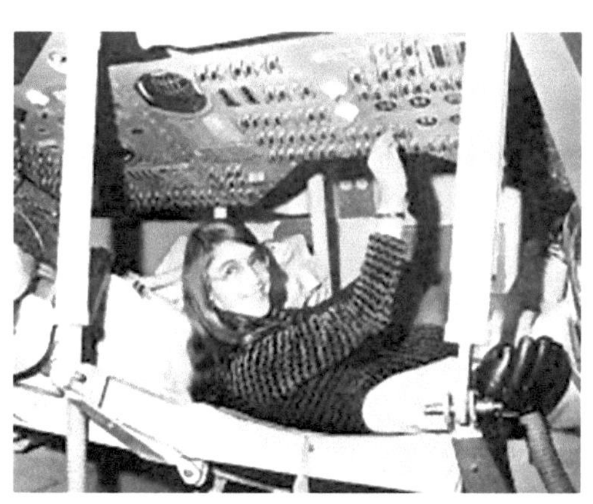

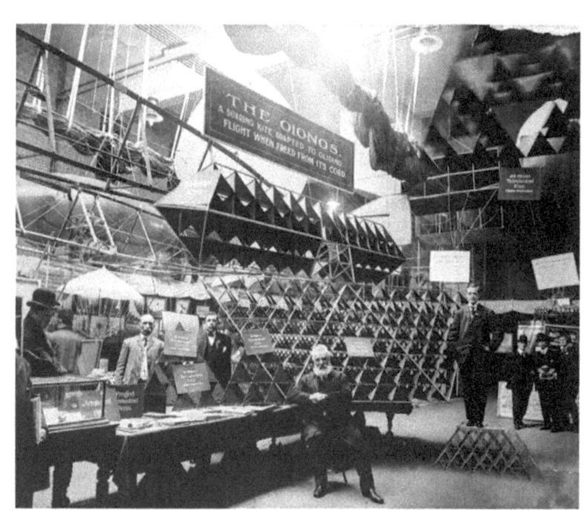
THE OIONOS.
A SOARING KITE, ADAPTED TO GLIDING
FLIGHT WHEN FREED FROM ITS CORD.

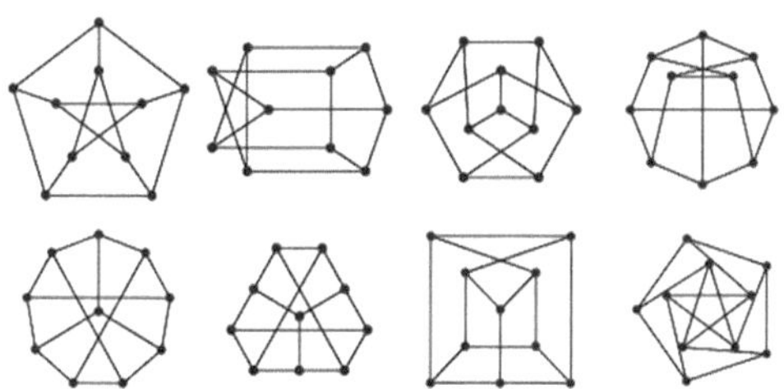

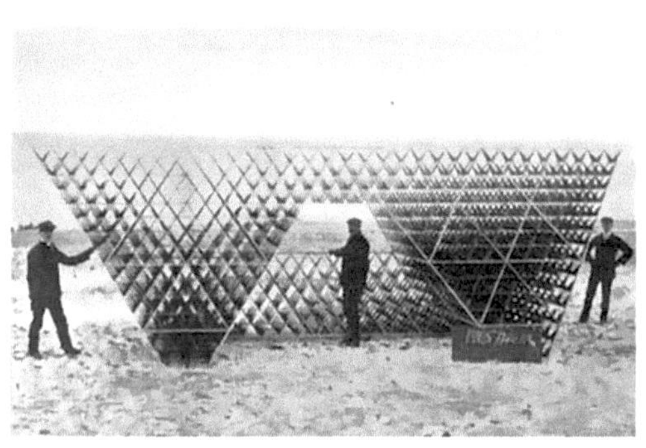

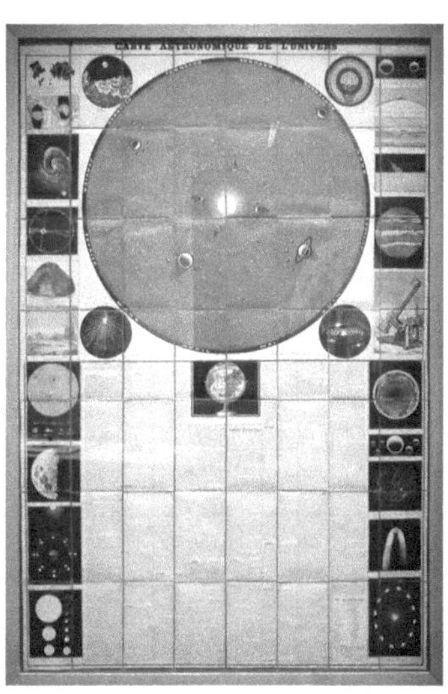

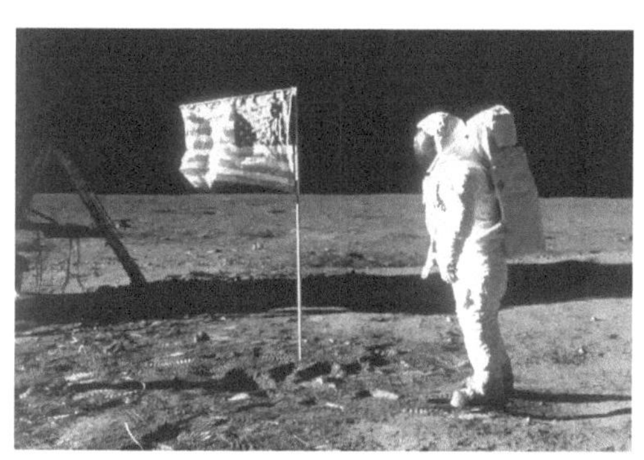

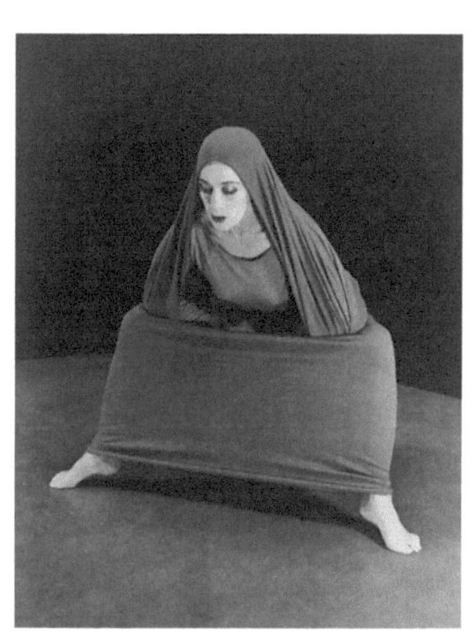

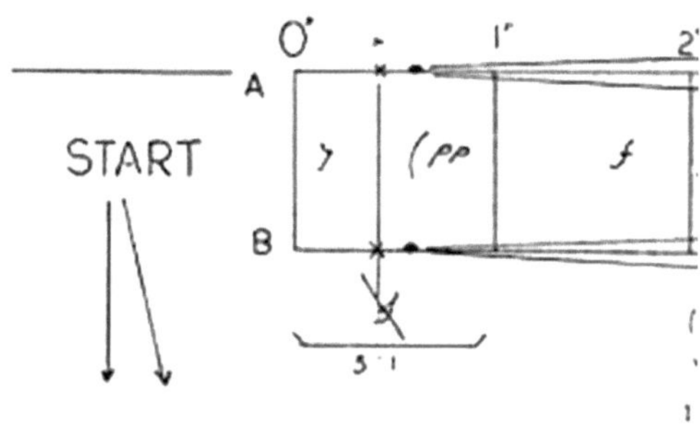
START
O'
1'
2'
A
B
pp
5 1

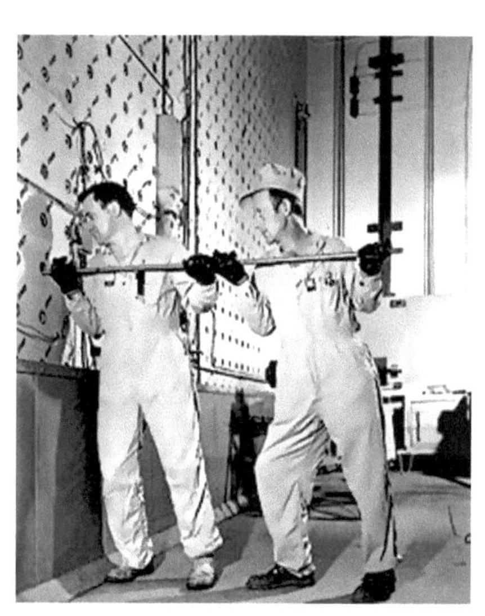

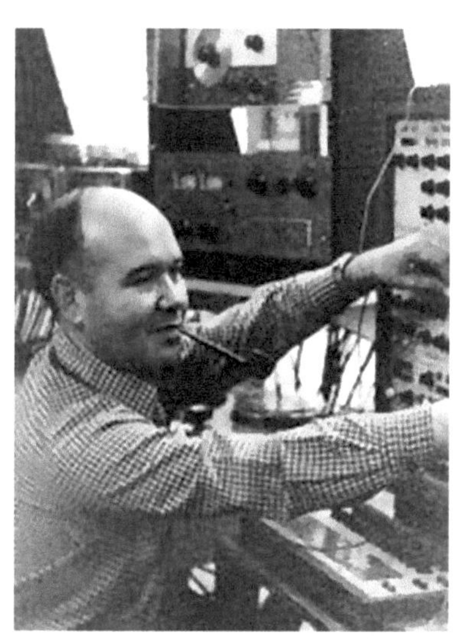

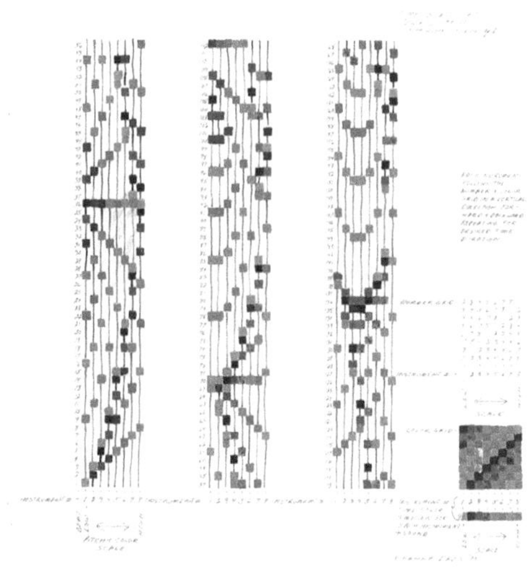

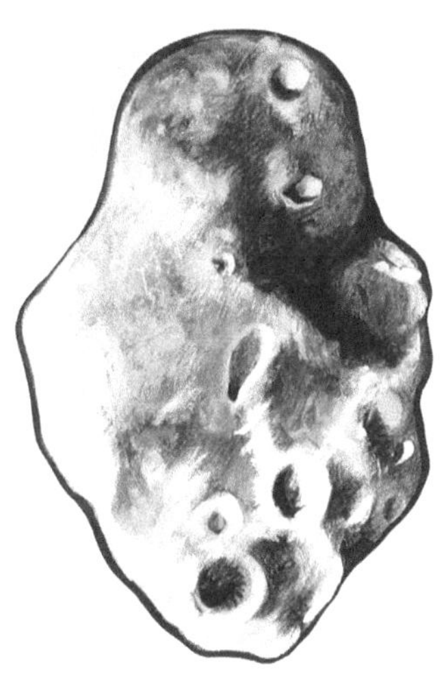

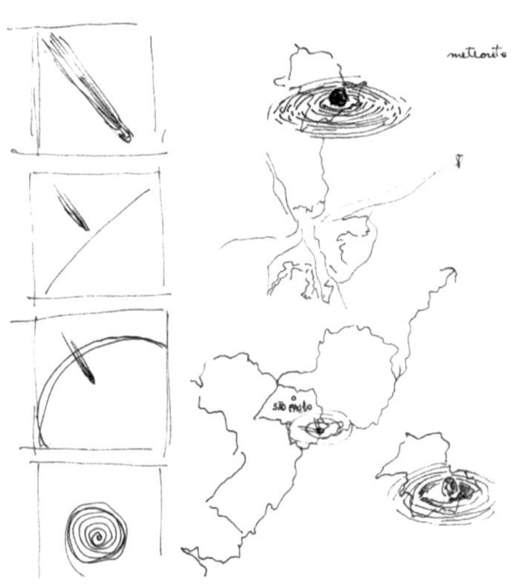

meteorito
são paulo

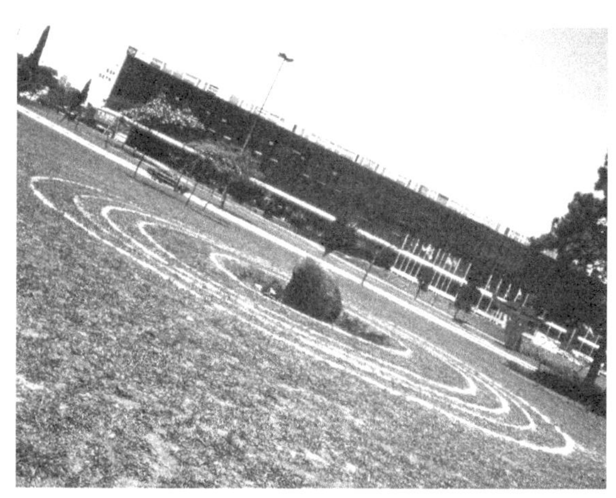

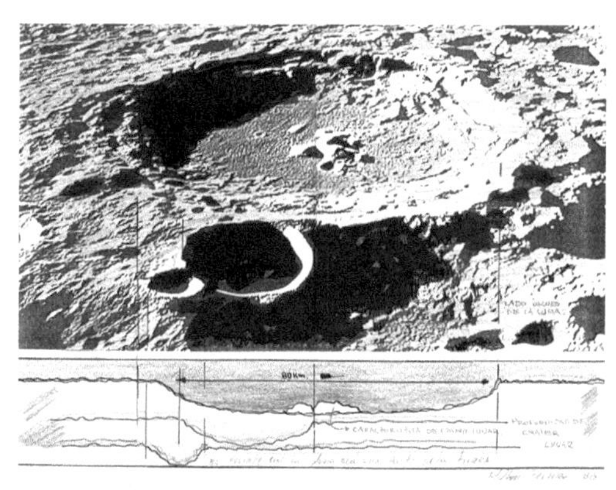

LADO OSCURO DE LA LUNA
80 Km.
PROFUNDIDAD DEL CRATER LUNAR

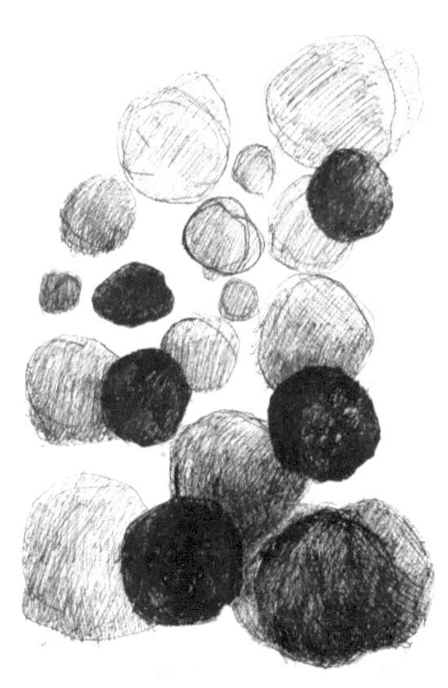

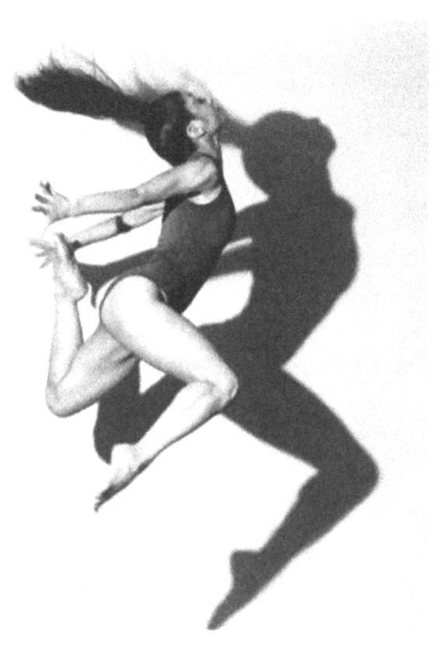

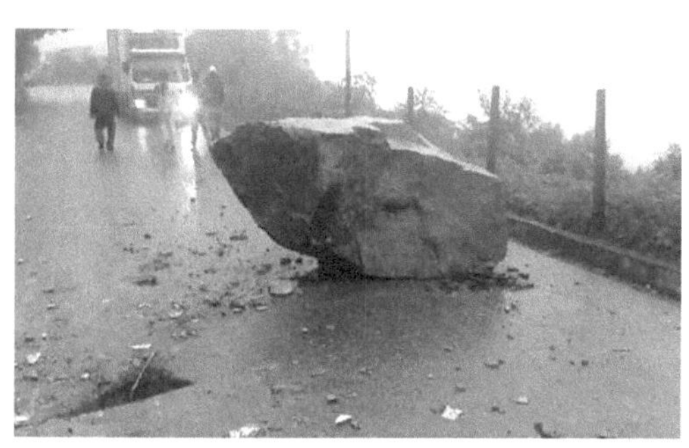

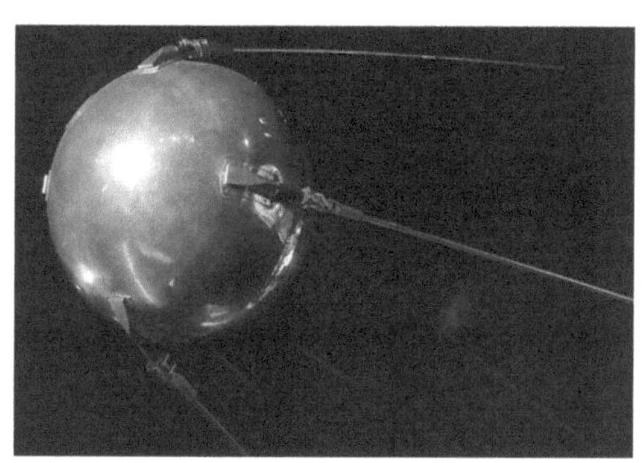

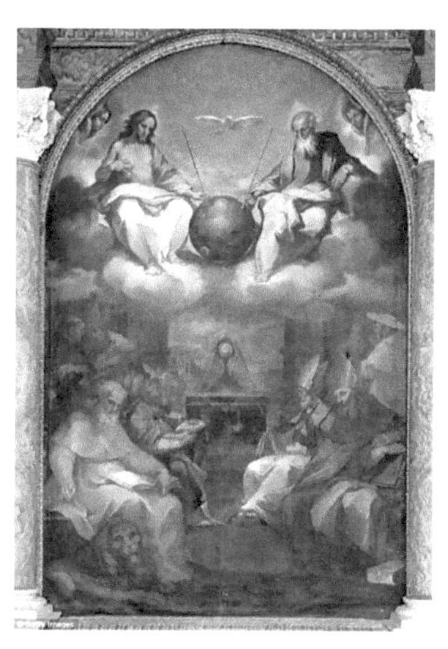

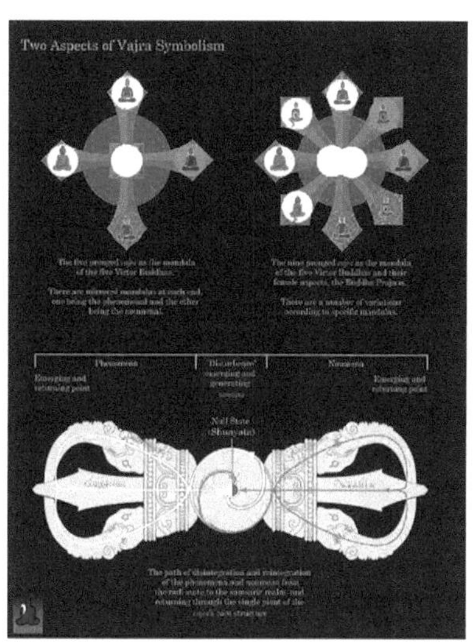

Two Aspects of Vajra Symbolism
The five pronged vajra as the mandala of the five Victor Buddhas.
There are mirrored mandalas at each end, one being the phenomenal and the other being the noumenal.
The nine pronged vajra as the mandala of the five Victor Buddhas and their female aspects, the Buddha Prajnas.
There are a number of variations according to specific mandalas.
Phenomena
Dissolving/ emerging and generating source
Noumena
Emerging and returning point
Emerging and returning point
Null State (Shunyata)
The path of disintegration and reintegration of the phenomenal and noumenal from the null state to the samsaric realm, and returning through the single point of the vajra's axis structure

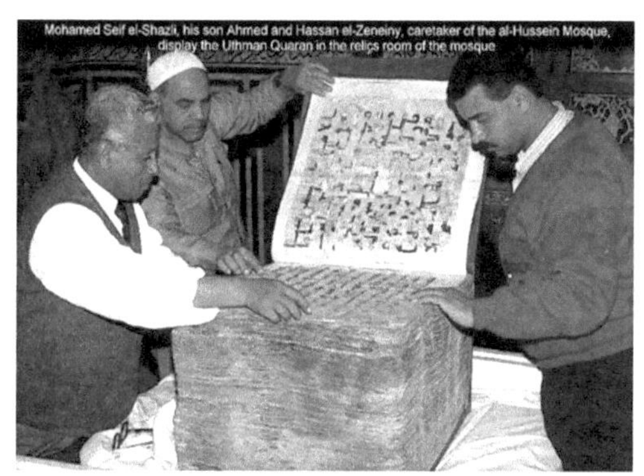

Mohamed Seif el-Shazli, his son Ahmed and Hassan el-Zeneiny, caretaker of the al-Hussein Mosque,
display the Uthman Quaran in the relics room of the mosque

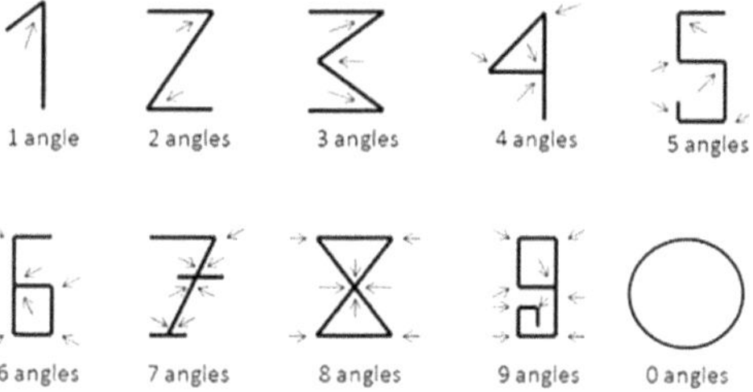

1 angle
2 angles
3 angles
4 angles
5 angles
6 angles
7 angles
8 angles
9 angles
0 angles

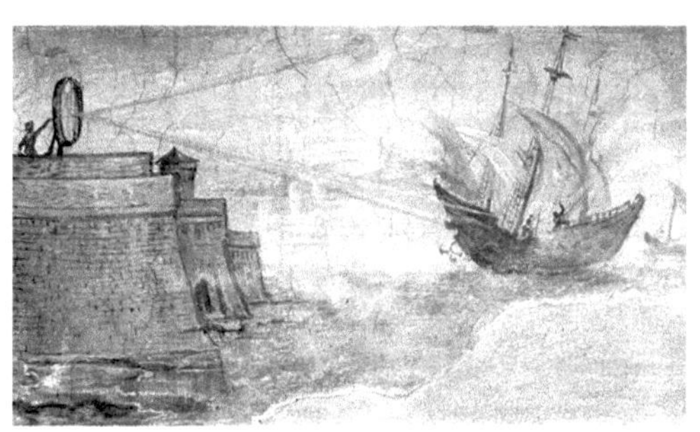

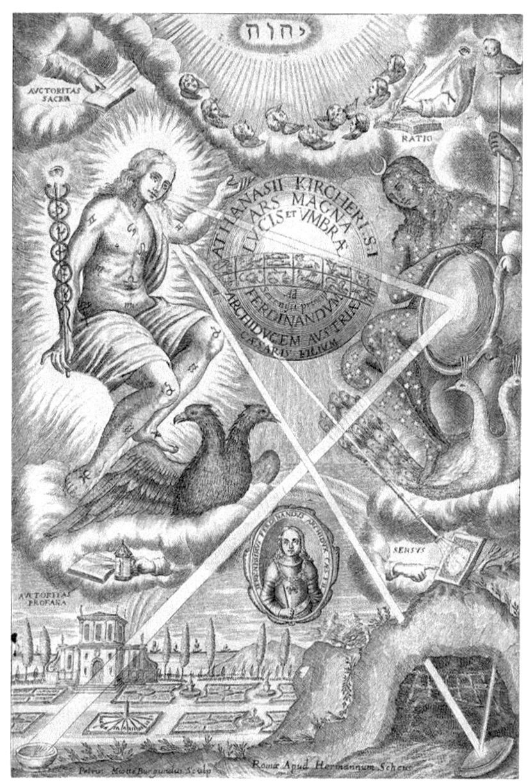
יהוה
AVCTORITAS SACRA
RATIO
AUCTORITAS PROFANA
SENSVS
ATHANASII KIRCHERI S.I
ARS MAGNA
LVCIS ET VMBRÆ
Ad
FERDINANDVM
ARCHIDVCEM AVSTRIÆ
CÆSARIS FILIVM
Petrus Miotte Burgundus Sculp
Romæ Apud Hermannum Scheus

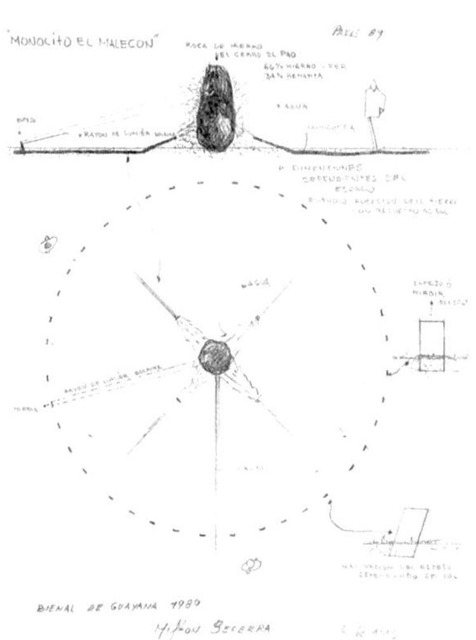
"MONOLITO EL MALECON"
ROCA DE HIERRO
DEL CERRO EL PAO
66% HIERRO - VER
SAN ISIDORO
AGUA
BIENAL DE GUAYANA 1980
MILTON BECERRA

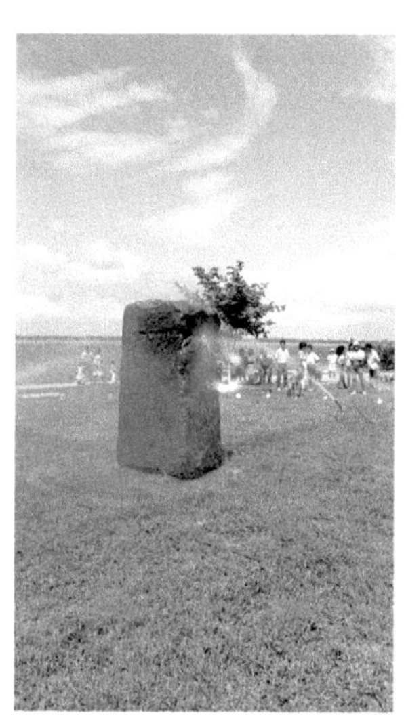

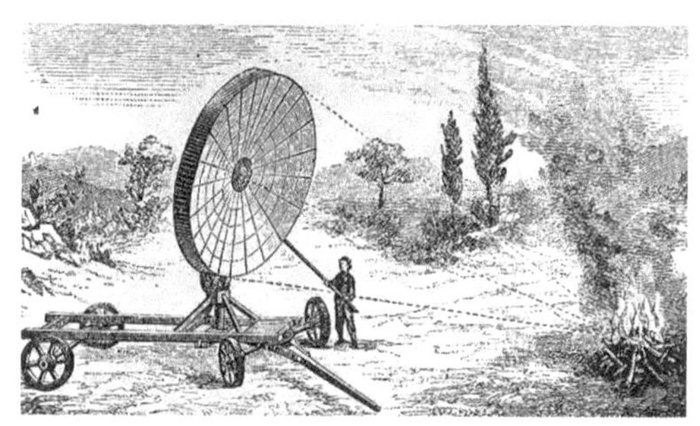

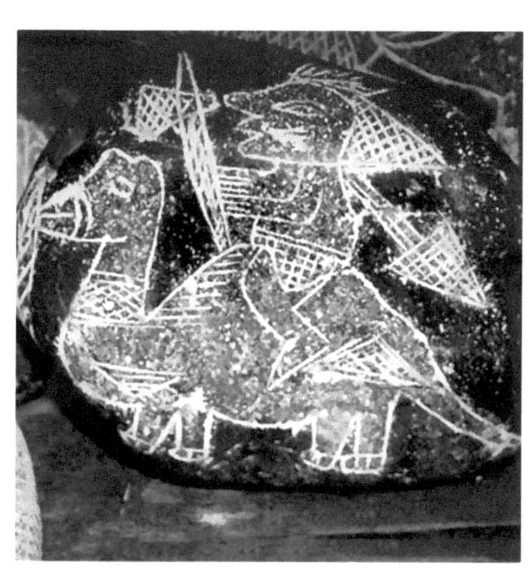

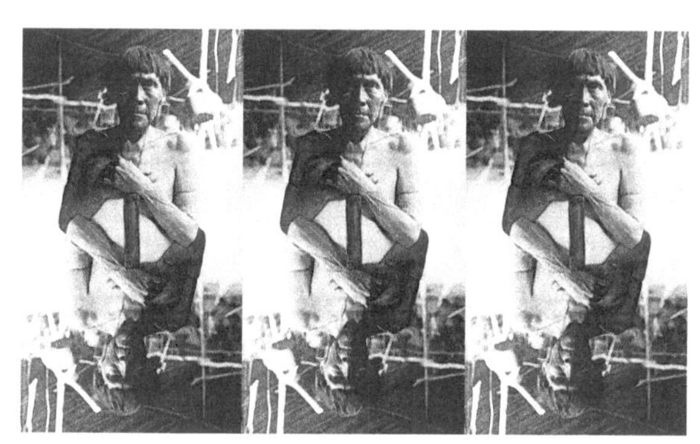

| | | | | | |
|---|---|---|---|---|---|
| 1 | 11 | 21 | 31 | 41 | 51 |
| 2 | 12 | 22 | 32 | 42 | 52 |
| 3 | 13 | 23 | 33 | 43 | 53 |
| 4 | 14 | 24 | 34 | 44 | 54 |
| 5 | 15 | 25 | 35 | 45 | 55 |
| 6 | 16 | 26 | 36 | 46 | 56 |
| 7 | 17 | 27 | 37 | 47 | 57 |
| 8 | 18 | 28 | 38 | 48 | 58 |
| 9 | 19 | 29 | 39 | 49 | 59 |
| 10 | 20 | 30 | 40 | 50 | |

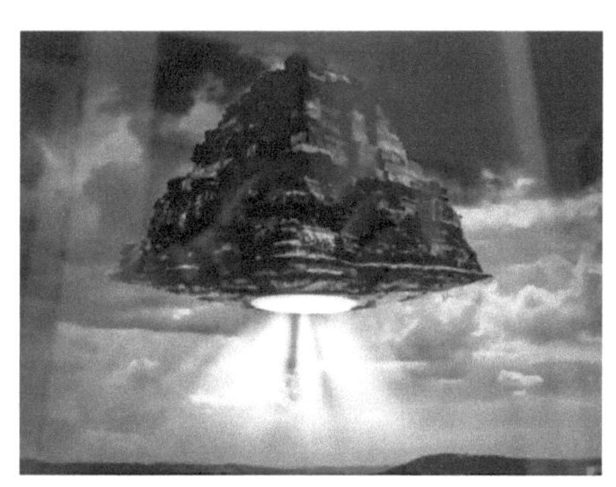

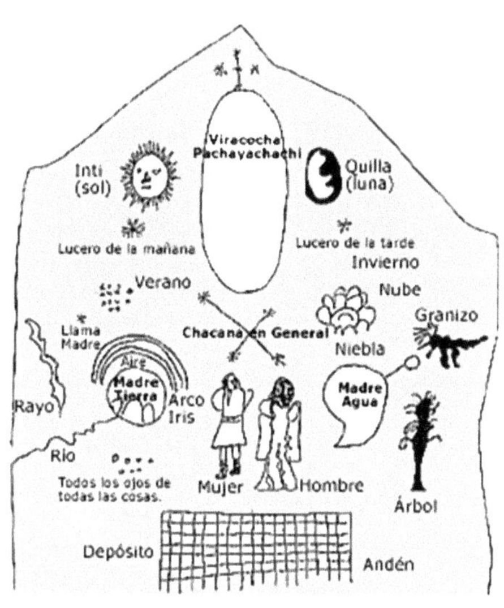
Inti (sol)
Viracocha Pachayachachi
Quilla (luna)
Lucero de la mañana
Lucero de la tarde
Invierno
Verano
Nube
Granizo
Llama Madre
Chacana en General
Niebla
Aire
Madre Tierra
Arco Iris
Madre Agua
Rayo
Río
Todos los ojos de todas las cosas.
Mujer
Hombre
Árbol
Depósito
Andén

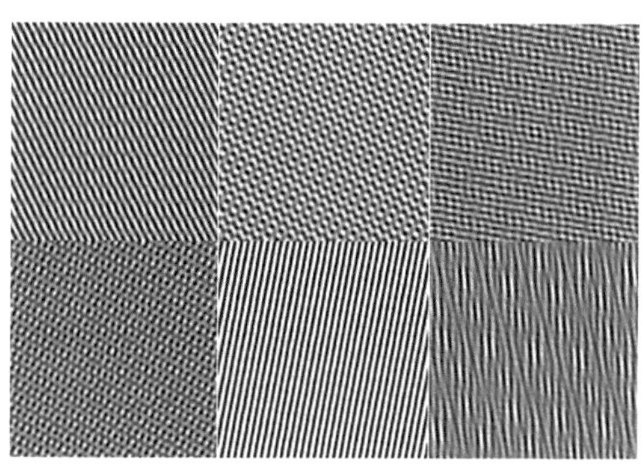

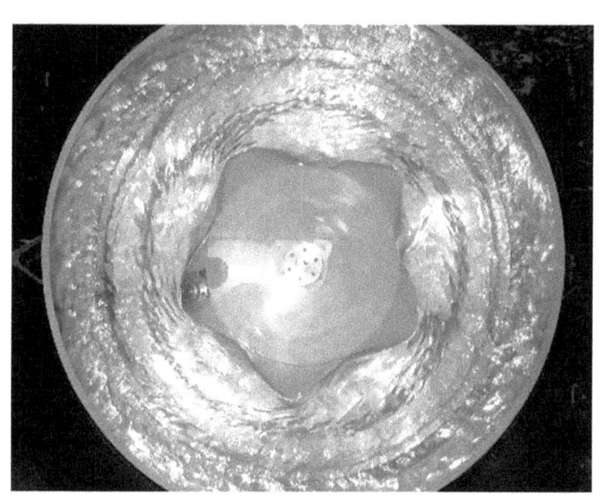

PURE SONOCHROMATIC SCALE

(invisible) | Ultraviolet | Over 717.591 Hz
Violet | 607.542 Hz
Blue | 573.891 Hz
Cyan | 551.154 Hz
Green | 478.394 Hz
Yellow | 462.023 Hz
Orange | 440.195 Hz
Red | 363.797 Hz
(invisible) | Infrared | Below 363.797 Hz



SONOCHROMATIC MUSIC SCALE (basic 12/360)

Rose | E
Magenta | D#
Violet | D
Blue | C#
Azure | C
Cyan | B
Spring | A#
Green | A
Chartreuse | G#
Yellow | G
Orange | F#
Red | F

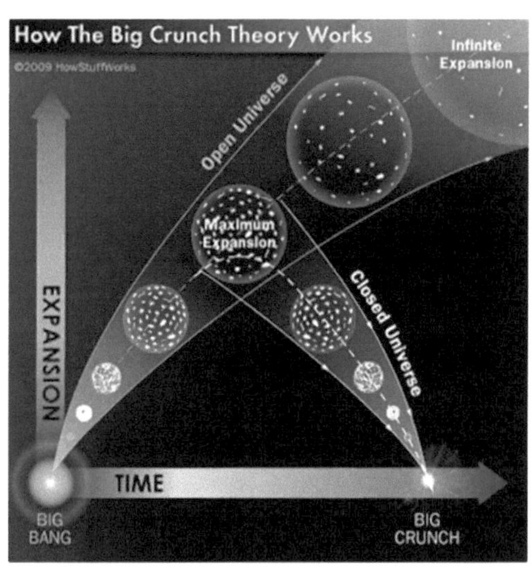

How The Big Crunch Theory Works
©2009 HowStuffWorks
Infinite Expansion
Open Universe
Maximum Expansion
Closed Universe
EXPANSION
TIME
BIG BANG
BIG CRUNCH

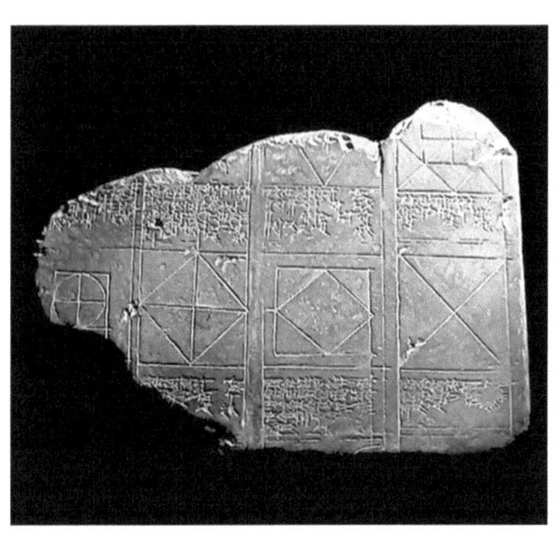

1.
Asteroide phaeton.
diciembre 6/9/2017, 7pm

2.
Salvatore di mundo.
Leonardo Da Vinci

3.

4.
Flower of life
Leonardo Da Vinci,
codigo atlanticus
folio 369v

5.
"Tereska Draws Her Home",
mi casa, December 27, 1948

6.
Earth chakras

7.
Símbolos para robar casas
(codigos)

8.
Trisha Brown,
coreografía de locus 1973,
Graphical representation
of choreography

9.
Cristales del agua
(Masaru Emoto)

10.
Sine (whole Earth catalog 1968)

11.
Space for alternative midpoints.

12.
Dickinsonia costata
intervenida por Milton BECERRA

13.
Babylonian map of the world.
Imago mundi

14.
The world according
to the ancient Babylonians

15.
Rosetta sonda espacial

16.
General relativity

17.
Universo paralelo, Milton BECERRA

18.
Expansión del Universo

19.
The kaaba
stone of heaven

20.
Mekka Stone,
piedra negra de la Kaaba
más venerada
sobre la Tierra,
probablemente un ágata

21.
Meteorito Mekka Kaaba Stone

22.
Penetración de una pirámide
modelo Martin Schilling

23.
Paraboloide elíptico
(Martin Schilling)

24.
Tabla sumeria 5000 años,
mapa estelar

25.
Meteorito de más
de 30 toneladas
encontrado en la provincia
del Chaco en Argentina el
11 de septiembre 2016

26.
Modelo Martin Schilling

27.
Asteroide rocoso 25143 Itokawa,
visto por la sonda Hayabusa

28.
Rosetta Still

29.
Rosetta

30.
Man Ray, Torso 1939

31.
Grafus de transito

32.
Cometa Tempel 1 impactó,
1 de julio 2005 a 5h52

33.
Aerolito, Milton BECERRA, Paris 1999

34.
Retculum plasmatque D'Arcy
Thompson, Escocia 1860–1948

35.
Ruth Asawa 1955.
Foto Milton Becerra, Paris 2022

36.
Odontometría hominidos
Replica de una muela encontrada
en la cueva de Denisova
en el 2000

37.
Charles Eames CA 1950

38.
Rosa Ursina, Cosmos

39.
Mathematical treasure
(Jullien Models)

40.
Huella lunar
de Edwin Aldrin,
20 julio 1969

41.
Ammonita

42.
Grafito,
sistema cristalino
hexagonal

43.
Hammer London Texas,
100 millions d'annéés

44.
Hexadendruw,
Hexapytis, Hexacaryum,
Hexacontium,
D'Arcy W. Thompson

45.
Impresión del pie
del profeta Muhammad,
pie izquierdo

46.
Salto lunar

47.
Polytopes geometría
cuarta dimensión

48.
Hexagonometría
cuarta dimensión, Milton BECERRA

49.
Los primeros seres vivos,
Dickinsonia 570 millones

50.
Armillary sphere
(astronomía instrumens
enciclopedia Denis Diderot
y Jean D'Alembert 1751-1772)

51.
Solidos sagrados
en el núcleo atómico

52.
Esfera modelo Martin Schilling

53.
Formas de cristal

54.
Feng shui luo pan

55.
Punto elíptico,
Martin Schilling

72.
Hexagonometria, Milton BECERRA, 2015

73.
(Oumuamua)
visiteur intestellaire

74.
Laika, Spuntnik, 2

75.
Tetrahedrac ring,
Alexander Graham Bell's 1908

76.
Alexander Graham
Bell's kissing wife
Mabel Hubbard Gardiner
who is standing in a Tetrahedra kite,
Baddeck, Nova Scotia 16/10/1903.

77.
Museo imaginario,
André's Malraux

78.
Politopos

79.
Politopos Neolítico,
encontrados en Escocia
2000 años antes de Cristo

80.
Polyèdres etoile
et uniformes.
Johannes Max Brückner
1860-1934

81.
4d the fairyland
of geometry

82.
Artista americana
Hannah Wilke 1940-1993

83.
Sinfonía del Universo, Paris 2017,
Instalación para Museo MAC,
Dibujo de Milton Becerra,
Lima, Peru 2018

84.
Proyección de polytords
cuarta dimensión A3,
primeras figuras conocidas
de cuatro dimensiones,
Irwing String Han
1847-1909

85.
Emma Kunz 1892-1963
wore N*002

86.
Solución multidimensional
a un recinto, Milton BECERRA

87.
Amenofis

88.
Pinturas rupestres
Minateda Albacete

89.
Ejercicios matemáticos
de escribas babilónicos

90.
Geometría
y dimensión de las piedras

91.
Josep Beuys,
todos somos creadores

92.
Kinesphera
Rudolf Von Laban

93.
Rudolf Von Laban,
publicó la notación
matemática de un método
de danza que permitió
registrar los pasos de
los bailarines

94.
Kinetografía
Rudolf Von Laban

95.
Materiales
vítreos Hiroshima

96.
Stewart-Brand
1938

97.
Jacques Jaujard's
Evacuación y protección de la colección
del arte francés durante segunda guerra
mundial.

98.
Clanes o casta wayúu

99.
Estudios cuarta dimensión

100.
Polyedres icosaedres 1906
Max Bruckner (1860-1934)
creador de modelos polyedres
geométricos de formas
estrellados uniformes

101.
Dieter Roth Book 4 - 1961

102.
Estereografía proyección 3D

103.
Dodecaedros
y esferas rómbicas/dodecaedros
y pirámides rómbicas

104.
Jean Arp, Nabel Monokel 1922

105.
Cámara oscura,
Sonnenfinsternis 1544
by reinerus Gamma-Frisius

106.
Nabucodonosor, sueño

107.
Followers uranus
11/26/2002
10:55:17 pacific

108.
Astéroïdes dibujo de Milton BECERRA

109.
La llama que no quema

110.
Astéroïdes, dibujo de Milton BECERRA

111.
Formación de Astéroïdes,
dibujo de Milton BECERRA, 1984

112.
Paisajes neuronales /
superficie del Sol. 2016

113.
Telescopio,
Johannes Hevelius 1611

114.
Cave chiquihuite
Yacimiento arqueológico en México

115.
Xawara Yanomami siglo XXI,
Milton BECERRA, 1992

116.
Scaffold-burial the fly's spirit

117.
Línea continua universal,
Milton BECERRA, 1974

118.
George Edgar OHR,
ceramista 1880-1910

119.
Quipu trasmisor
de datos, 2000/2500
de antigüedad

120.
Nikola Tesla
(electric oscillator)
Egiptian Ankh

121.
Nikola Tesla 1899
trasmisor/Colorado
springs

122.
Hexagonometrias,
desarrollo
de línea continua,
Milton BECERRA

123.
Nasselarian Skeleton
D'Arcy Thompson

124.
Stelare, Sitting Swaying,
artista australiano,
Tamura gallery,
Tokyo 11/05/1980

125.
Exposición
universal 1900

126.
Componentes
del universo

127.
Mecanismo de antikythera
(100 a 150 A.C.)

128.
Puzzle 1997, Dieter Roth

129.
Geometría hiperbólica

130.
Frederic Auguste Bartholdi

131.
Gravado de Wijnand Otto
Jan Nieuwenkamp
Bali, indonesia

132.
Sinfonía del Universo,
gráfca Caral, Milton BECERRA, Perú 2018

133.
Telesto Saturno XIII

134.
Terremoto 29 julio 1967,
impresión de la cruz
de la iglesia Catedral
de Caracas

135.
Génie ailé bénissant
et tenant une situle

136.
Álbum de Rosetta,
Museo Británico

137.
Pentagrama. Paris 1993.
Presentada en Objetos para una ceremonia,
Caracas 1993; L'Outreligne,
Maison de Amérique Latine,
Paris 2023

138.
Ella es una catedral,
Niki de Saint Phalle,
Jean Tingely (9 junio 1966),
Museo de Arte Moderno
de Estocolmo

139.
Mensaje interestelar

140.
Emmy Noether
1882-1935

141.
Margaret Hamilton
(código de navegación de Apolo)

142.
Modulo de comando
Apolo11, Margaret Hamilton

143.
The dionds,
Alexander Grahan Bell's

144.
Teoría de grafos
y sus aplicaciones
a la arquitectura

145.
Alexander Grahan Bell's

146.
Carta astronómica
del universo 1877
Etienne Laporte

147.
On the moon 1969,
Buzz Aldrin

148.
In lamentation nº9,
Martha Grahan

149.
Alternancias 1971,
Alfredo del Mónaco

150.
Reactor de grafito
x 10 segundo
reactor nuclear
en el mundo,
Tennesse
4 noviembre 1943

151.
Alfredo del Mónaco,
compositor música
electroacústica,
Venezuela 1938-2015

152.
Sonakinatografía I,
composición III contando
en ocho moviéndose
por color estructura temporal,
Channa Horwitz

153.
Telesto,
XVIII Bienal de Sao Paulo,
dibujo de Milton BECERRA, Brasil 1985

154.
Impacto de meteorito,
Bienal de Sao Paulo,
dibujo de Milton BECERRA, 1984

155.
Cráter, dibujo proyecto
Museo de Bellas Artes
de Caracas, Milton BECERRA, 1986

156.
Cráter de la Luna,
dibujo estudio de Milton BECERRA, 1986

157.
Cinturón de asteroide,
dibujo de Milton BECERRA, 1984

158.
Sonia Sanoja,
bailarina y maestra
Caracas, Venezuela
1939-2017

159.
Sismo en Trujillo,
Venezuela

160.
Satélite Szputnyik /
4 octubre 1957

161.
Glorificación
de la eucaristía 1895,
Ventura Salimbeni 1595

162.
Two aspects
of vajra symbolism

163.
Uthman quaran

164.
Khwarizmi,
cada número tiene
su propio número de ángulo

165.
El asedio de Siracusa,
Arquímedes incendio
las naves con espejos ustorios

166.
Athanasius Kircher,
Ars magna lucis
et umbræ 1671
(Magia de luz y las sombras)

167.
Monolito del malecón,
dibujo de Milton BECERRA, 1989

168.
Monolito del malecón,
Bienal de Guayana,
Venezuela, Milton BECERRA, 1989

169.
Espejo incendiario
de Hoesen siglo XVII

170.
Piedras
de Jalisco Aztlan

171.
Amazonas jungla

172.
Números de Babilonia.

173.
Vimana,
Mítico vehículo
volador hinduista


174.
Altar mayor
de Qurikancha
de Joan de Santa Cruz,
Pacha cuti yanqui
salcamaygua.


175.
Un láser inocuo,
analiza tejidos biológicos,
madera, piel


176.
Saturno Pentágono


177.
Sonochromatic,
music scala
(como de audición,
Neil Harbisson, Artista)


178.
How The Big Crunch
Theory Works


179.
Esquema matemático,
antigua Babilonia

Édition :
BoD - Books on Demand, 31 avenue Saint-Rémy, 57600 Forbach, bod@bod.fr
Impression : Libri Plureos GmbH, Friedensallee 273, 22763 Hamburg (Allemagne)
ISBN : 978-2-3225-7072-0
Dépôt légal : Juin 2025